10年後のあなたは、今と同じ働き方を続けていますか?

「今の自分の仕事の仕方で、
10年後もはたして
通用するのだろうか？」

——そんなふうに、不安に思ったことは
ありませんか。

あなたがそう感じる理由はただ一つ。
時代が変わっているのに、
あなたの仕事の仕方が
変わっていないからです。

「……え、そんなこと？」と
思われたでしょうか。

しかし、これを認識できるかどうかが、
10年後のあなたの命運を分けます。

そしてそれは、仕事だけではありません。
あなたが生きる人生そのものも、です。

では、どのように時代は
変わったのでしょうか？
そして、働き方をどう変えていけば
よいのでしょうか？

「21世紀の働き方」について考える紙上講義、
ここに開講です。

最後の1ページを読み終えて
「21世紀の働き方」を手にしたとき、
あなたの未来はきっと、
今とはすっかり違って見えるはずです。

100万人に1人の存在になる
21世紀の働き方

藤原先生、これからの働き方について教えてください。

教育改革実践家
藤原和博

Discover

ORIENTATION

21世紀に働く人に必要な たった2つの基礎知識

ORIENTATION | 1

「自分の仕事の付加価値」を計算する

ニッポン人の「時給」(年収÷年間総労働時間)には100倍の差がある。

「あなたの時給はいくらですか?」

この問いを、笑顔でスルーする人もいるでしょう。自分は給与所得者で、単純労働で時間を切り売りするような〝時給仕事〟はしていないと、ちょっぴり胸を張る人も多いかもしれません。しかし、ここに大きな落とし穴が潜んでいます。

「あなたの年収はいくらですか?」

300万円だろうが1000万円だろうが、この問いに即答できる人は、「成果をあげたい、もっと成長したい」という向上心が高い人。だからこそ、「できればもっと稼ぎたい」と考えているはずです。

「あなたは今、年間何時間くらい仕事をしていますか?」

この問いにパッと数字で答えられる人は、非常に少ないというのが私の実感です。

「上半期は残業を結構していたな」

「カレンダーの並びがよくて、夏休みは1週間とれた」

「土日はきっちり休む」

こんなふうに残業と休みを考慮した〝どんぶり勘定〟という人がほとんどではないでしょうか?


本書を手にする人の多くは、「効率よく働きたい、無駄な残業はイヤだ、仕事は量より質だ」という考え方でしょう。「自分の時間を大切にしたい、趣味や家族と過ごす時間も貴重だ」と思っており、24時間を仕事に捧げようとは思っていないですよね。

それなのに、正確な労働時間を把握していない。これでは「21世紀の働き方」はできません。もっと稼ぐなど不可能ですし、自分らしく働くというのも無理な話です。

稼ぎをアップしたい人、自分の願うような働き方がしたい人が意識すべきは、「月給」でも「年収」でもありません。

これからの時代は、あなた自身の「時給」に注目すべきなんです。

なぜなら、**時給こそ、あなたの仕事が1時間当たりに生み出す付加価値そのものだからです。**

あなたの仕事を測るのは、「年収」ではなく「時給」です。

年収を年間の仕事時間（総労働時間）で割ったものが「時給」です。

「年収1000万円だから、富裕層とまではいかなくてもまずまずだ」

あなたが仮にそう思っていても、年間に3000時間以上働いている管理職だったら、時給は3000円強。これは、年間1000時間だけ働いて300万円以上稼ぐパートの人と同じ水準です。もっと言えば、いい私立中学校に入れる指導技術を持った家庭教師はこれくらいの時給をラクに稼ぎますし、東大に入れるプロの家庭教師なら時給5000円を超えるでしょう。


年収だけで優劣を比較しても意味がありません。時間当たりに生み出す付加価値の量で比べないと、仕事の効率が見えてこないからです。

ここでは、あなたの時給はどのように決まるのか、どうすれば、その1時間当たりの稼ぎがもっと増えるのかという謎に迫ります。時給を上げるにはどうしたらいいかを、今から学んでもらいたいのです。

まずは年間総労働時間の目安を立てることから考えてみましょう。

1日8時間働く人は【8時間×週5日＝40時間／週】。

1年が50週間だとすれば2000時間になります。ワークライフバランスを重視して優雅に働く人なら1600時間くらいかもしれないし、ハードワーカーなら2400時間から3000時間に達するでしょう。さらに、自営業者だったら、朝から晩まで休みなく働いて1日12時間×300日で年3600時間。年間4000時間以上働いている人もいると思います。

1年の労働時間をよく考えてから、あなたの時給を計算してみてください。

ちょっとここで、「ニッポン人の時給」を考えてみましょう。

あなたの「時給」が分かったら、図式化してみます。

次ページの図1「ニッポン人の『時給』」の左から右に引いた数直線の中に当てはめてみてください。あなたの「時給」レベルは、現在どこにポジショニングされるでしょうか?

一番左には、高校生がハンバーガー店やコンビニでバイトしたときの基本的な時給800円を置きました。もちろん700円からの地方もあるでしょうし、夜勤なら1000円を超えるかもしれませんが、あくまでも代表的な時給の目安を示してあります。

右に行くほど、1時間当たりの付加価値が高まり、時給が高くなります。コンピュータ系の仕事、たとえばプログラミングができるとなれば、パートでも2000円くらいはいくでしょうし、ゲームのプログラマーならもっと稼げるでしょう。

真ん中は時給3000円から5000円の領域。サラリーマンや公務員の年収を年間総労働時間で割ると、大体このへんに位置します。

年間2000時間働いて、年収600万円の人は、時給3000円。

課長、部長という肩書きが付いて給料が上がっても、仕事がますますたいへんになるので、やっぱり時給レベルは5000円前後に落ち着きます。

たとえば年収1500万円の取締役営業部長でも、土日もゴルフの接待で年間3000時間働いてい

図1
ニッポン人の「時給」

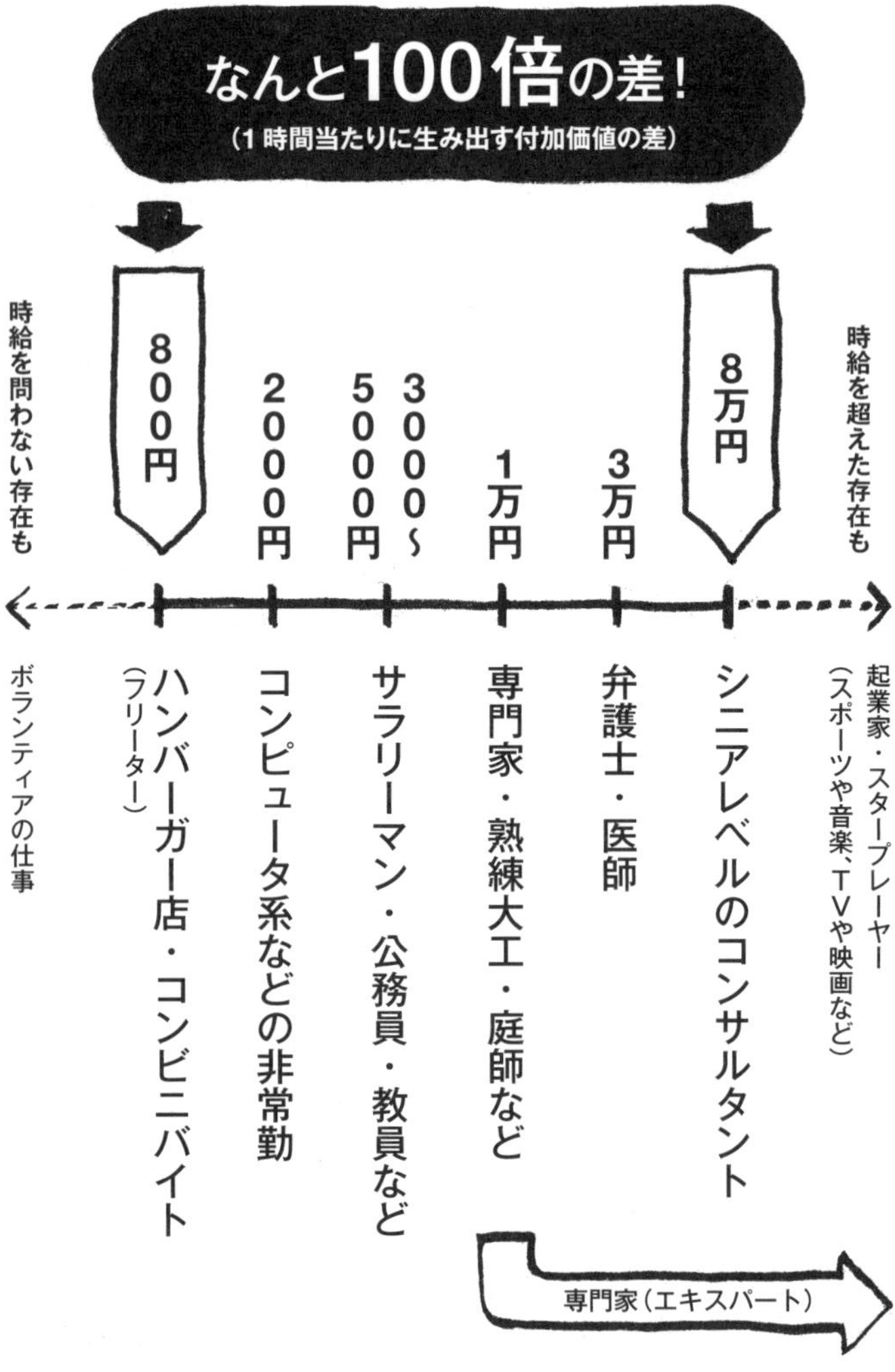

なんと100倍の差！
（1時間当たりに生み出す付加価値の差）
時給を問わない存在も
800円
2000円
5000円
3000〜
1万円
3万円
8万円
時給を超えた存在も
ボランティアの仕事
ハンバーガー店・コンビニバイト
（フリーター）
コンピュータ系などの非常勤
サラリーマン・公務員・教員など
専門家・熟練大工・庭師など
弁護士・医師
シニアレベルのコンサルタント
起業家・スタープレーヤー
（スポーツや音楽、TVや映画など）
専門家（エキスパート）

れば、時給は5000円ですよね。

真ん中から右は専門家（エキスパート）の領域です。

大工さんだと、家一棟を建てられる棟梁クラスであれば時給1万円は稼げるでしょうし、ランドスケープデザインもできる庭師なら、1万円以上は顧客に請求できると思います。

弁護士はピンキリです。昨今は供給過剰と言われていて、弁護士になっただけでは食べていけません。でも、優秀な弁護士なら時間3万円くらいはとれるでしょう。医師は開業医か勤務医かで事情が違いますが、医療もサービスの時代です。高収入と言われる開業医は、お客さんが付くかどうかで時給が決まってきます。

数直線の一番右は、シニアレベルのコンサルタントの時給。カルロス・ゴーンに世界戦略を授ける人気コンサルタントならもっと稼ぐかもしれませんが、一流コンサル会社であれば、シニアコンサルタントに支払う金額を時給に換算するとおよそ8万円だと聞いています。もっとも、クライアントへの請求では、彼らの部下の時給や経費を合わせてその3倍以上になりますが。

断っておきますが、この図は単に、1時間当たりに生み出す付加価値の順に、例となる職業を並べただけ。左から右への仕事の順番は優劣ではなく、どちらが偉いとか、どちらがより尊敬すべき仕事かという話でもなく、職業の貴賤とも無関係です。

また、実際には時給８００円の左側にはもっと広い世界が広がっており、時給に関係なく働く尊い仕事が多数あります。有償、無償のボランティアが典型でしょう。同じく時給8万円の右側にも、時給を超えた仕事が広がっており、起業家やプロスポーツ選手、あるいはミュージシャンの一部はここに位置します。年収数億〜数十億円を稼ぐ人気スターもいますから、この人たちも例外です。

「ニッポン人の時給」における自分のレベルはどんなものでしょう？

図1から分かるのは、ニッポンで働く普通の人の「時給」格差が、８００円から8万円の間だということ。なんと１００倍の差があるんですね。

10倍だったら運や勘のよさでごまかせるかもしれませんが、１００倍です。

ここで、大事な問題を提起しようと思います。あなたがもし、もっと稼ぎをアップしたい人であるのなら、絶対に避けては通れない問題です。

この100倍の差は、何から生まれるのでしょうか?
どうしたら、今より右側にシフトし、
1時間当たりにもっと稼げるようになるでしょう?
稼ぎを増やすための「鍵」はなんなのでしょう?

この問いに答えることが、経済的な収入を増やす鍵になります。また、子育て中のみなさんには、お子さんにキャリア教育をするときの鍵にもなります。

小学生でも分かる!「100倍の差」を解く鍵。

私はよく小学生や中学・高校生へよのなか科(*)の出前授業で図1を示し、左から右にシフトする際の鍵は何かを問いかけます。

すると、小学生だと「たいへんさ？」などと答えます。

「たいへんさ」であればハンバーガー店で夜中に働くのも十分たいへんです。若くても右側の仕事をしている人はいるので「年齢」ではないし、「熟練の度合い」でもありません。

また、「技術」という答えは一見正解のような気がしますが、それぞれの仕事には固有の熟練の仕方や技術があるわけですから、プログラマーの熟練度や技術の高さと庭師の熟練度や技術の高さを比較することはできません。

では、１００倍の差は何から生まれるのでしょうか？
結論を言えば、「希少性」です。

左側の仕事はいわゆるマニュアルワークで、誰でもできる仕事です。日本人でなく中国やインドからの留学生でも、日本語がある程度できればアルバイトをすることは可能でしょう。あなたがこの仕事に就いても、いつでも取り替え可能になりますから、供給過剰になれば、金額はどんどん下がっていくことになります。

対して、右にいけばいくほど、仕事の「希少性」が高まります。経営上の問題や人事の内部事情も明かしたうえで、企業の将来を左右する戦略を立ててくれるコンサルタントは希少だから時給が高い。

つまり「かけがえのなさ」が価値を高めるのです。一番右のポジションなら、「あなたでなければダメなんだ」と言う顧客が付くでしょう。

もっとやさしく言えば、「レアさ」という言い方もできます。

中学校や高校の授業で子どもたちに100倍の差を説明する際、私はポケモンカードを例に出します。

「キミたち、ポケモンカードを集めたことがあるでしょ。ここでいう『希少性』というのは『レアカード』のこと。滅多にない貴重なものだから、みんながほしがるし、ネットオークションでもショップでも高値が付くよね」

つまり中高生にも、自分の希少性を高めて「レアカードになれ！」とアドバイスすることになります。もう何度もこの手のキャリア教育の授業をやっているのですが、彼らなりに理解しますし、かなり納得感が高いようです。

安易に「みんな一緒」のほうにいくのではなく、「それぞれ一人一人」がユニークさを増していくような生き方。同じピラミッド構造の中で競争するのではなくて、ユニークなポジションをとればいいのだということを解説しています。

「レアカード」の一例として、私は「20年前には存在しなかった仕事の話」をします。

たとえば「アロマセラピスト」や「ネイルアーティスト」。

20年前、今よりは少数ながら「アロマ」をやっていた人はいたし、「セラピー（癒やし）」も、昔からある仕事です。マッサージ師もセラピー業だし、占い師も僧侶もそうでした。でも、この「アロマ」と「セラピー」を組み合わせたところが新しかったのです。同じように、昭和のお母さんたちだって自宅でマニキュアをすることはありました。でも、それをプロが施すアートにまで高めたから「ネイル」に芸術的な付加価値が付いて、よりレアな仕事になったわけです。

このように、２つの仕事を組み合わせることで、付加価値の高い〝レアな仕事〟を創造することができるということ。

今やアロマセラピストもネイルアーティストもごまんといますが、真っ先に始めた先駆者はほんの一握りのレアな存在で、大いに稼いだはずです。彼らはレアな仕事をゼロから〝創造〟したのではなく、既存の仕事を組み合わせることで、レアな仕事を〝編集〟したことも注目したい点です。

結局、意外な要素を掛け算で「つなげる力」、つまり「情報編集力」がモノを言うのです。「情報編集力」については、のちほど〈LECTURE 1〉で、詳しく解説しますね。

さて、あなたは、どのように自分自身の付加価値レベルを上げ、「希少性」を高めることができるでしょうか？ やり方はさまざまでしょう。

ただし、誰にでも共通していることが、1つあります。

今の仕事を漫然と続けていても、付加価値は上がらないということ。

あなたには、まず、時間が必要なはずです。新しいステージにステップアップするためには、時間に余裕を持ってチャレンジすることが大切ですから。

＊よのなか科／正解が一つではない問いかけによって、成熟社会を生き抜くのに必要な「情報編集力」を高める学習メソッド。文科省が提唱する「アクティブ・ラーニング」型授業の手本となったもので、ブレインストーミング、ロールプレイング、ディベートを繰り返しながら、自分の意見をプレゼンテーションできる子を育てるために開発された。

和田中学校での実践では「ハンバーガー屋さんの店長になってみよう！」「商品に付加価値を付けてみる」など金融経済編のほか、「自殺や安楽死の是非」「少子化問題について考える」「いじめや体罰問題をどう解決するか」など社会問題をタブーにせず、積極的に採り上げている。リクルート社の人気サイト「受験サプリ」の「未来の教育講座」で、ＮＨＫ「白熱教室」で有名なハーバード大学マイケル・サンデル教授のディベート授業とともに、「よのなか科」のオンライン動画は51タイトル公開されている。

詳しくは『たった一度の人生を変える勉強をしよう』（朝日新聞出版）を参照されたい。

ORIENTATION 2

「信任(クレジット)の三角形」をつくる

3つのキャリアの「掛け算」で100万分の1のレアさ（＝希少性）が実現します。

希少性を高める方法を、次ページの図2と私自身のケースを使って説明していきましょう。

私は大学卒業後、リクルート社（当時は日本リクルートセンター）に入社しました。

そこで、20代は「営業とプレゼン」の練習に1万時間をかけ、左足の軸（図2の三角形の底辺の左頂点）を固め、100人に1人の営業マンになりました。

次に、30代（正確には27歳から37歳の10年間）の1万時間で、もう一つ「リクルート流マネジメント」という右足の軸（図2の三角形の底辺の右頂点）を固め、さらに100人に1人のマネジャーになったのです。

これを掛け算すると、【1／100×1／100＝1／1万】となります。

20代と30代で同じことをやっていたら、永遠に左足だけで立つのみの〝点〟になってしまいます。30代で転職してもいいし独立してもいい。サブワークをやる、留学をするなど、やり方はいろいろ。同じ会社に勤め続けていても、種類が違う〝軸となる技術〟を学ぶことです。広報と広告とか、営業と販売とか、人事と財務とか。左足の軸の次は、右足の軸となる別の技術を身につけることが大切です。

図2
100万人に1人の希少性ある存在になるための「三角形モデル」

1

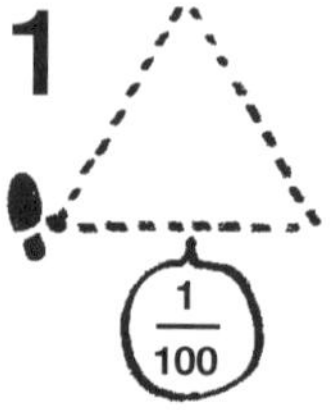

まず1万時間(20代の5〜10年)で「左足の軸(三角形の基点)」を固める

1つの分野で100人に1人の「希少性」を確保する。

［筆者の場合］リクルート入社後、「営業とプレゼン」の練習に1万時間かけた。

2

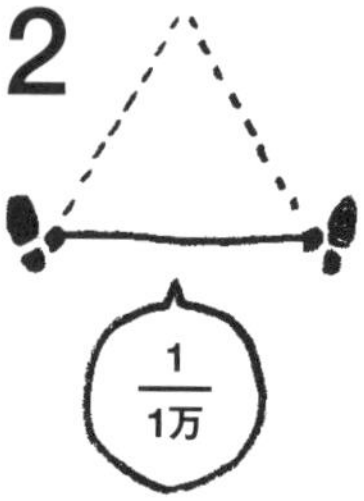

次に、もう1万時間(30代の5〜10年)かけて「右足の軸(三角形の底辺)」を固める

これで2つの分野で100人に1人になれたので、
1/100×1/100=1/1万、つまり1万人に
1人の「希少性」が確保できた。

［筆者の場合］30代で1万時間かけて「リクルート流マネジメント」を身につけた。

3

さらにもう1万時間(40代〜50代)かけてできるだけ遠くへ踏み出し、三角形の頂点をつくって「大三角形」を形づくる

これで3つの分野で100人に1人になれるので、
1/100×1/100×1/100=1/100万、つまり100万人に
1人の「希少性」を確保したことに。3つ目の踏み出しは、
できるだけ遠くにすると三角形の面積が大きくなり、
「大三角形」を形づくることができる。

普通、左右の軸足が決まるとその線上に近い（専門が生きる）場所に安易に踏み出してしまいがち。同じ業界内で転職するような時、過去の経験に縛られて近い場所に踏み出すと、三角形が小さくなってしまう。

［筆者の場合］40歳で独立し、47歳から民間校長を務め、1万時間かけて教育改革に取り組んだ。

20代＝「営業とプレゼン」という〝軸となる技術1〟で100人に1人の希少性。
30代＝「リクルート流マネジメント」という〝軸となる技術2〟で100人に1人の希少性。
結果、40歳までに1万人に1人の「レアカード」を持つ。

今、それぞれの軸をつくるのに1万時間と言いましたが、1万時間というのは、ビジネス書で私が一番評価している1冊、マルコム・グラッドウェルの『天才！ 成功する人々の法則』（講談社）に出てくる数字です。

1万時間である仕事をマスターするというのは、1日3時間やれば年1000時間で10年かかるということ。1日6時間取り組めるなら5年で達成可能です。何の仕事であれ、5〜10年やれば仕事をマスターするというのは、通常の経験則からもずれてはいないと思いますが、いかがでしょう。

さらに、世界中の先進国の義務教育が大体1万時間であることからも、それが一応の目安となる時間数であることが分かります。各国は、大体1万時間かけて、その国の国民をつくろうとしているのです。

つまり、人は何かをマスターするのに1万時間かかるということ。逆に、1万時間頑張れば、誰だって、今は全くできないことをマスターできるのです。それがロシア語でも、囲碁でも、マジックでも。だったら、その分野で100人に1人にはなれるだろうと考えるわけです。

天才でない人が「希少性」を高めたければ、キャリアを3つ掛け算しましょう。

さて、こうして三角形の底辺ができた40歳で、私は会社を辞めてインデペンデントになりました。

年収のイメージは数百万から数千万円の間ですが、「フェロー（客員社員）」となってSSK（接待・査定・会議）というサラリーマンの三種の神器を捨て実労働時間を絞ったことで、時給レベルは8万円以上の最高値に達していました。

さらに、47歳からの5年間、東京都では義務教育初となる民間校長を務めました。

1日10時間は生徒の未来を拓くにはどうしたらいいかだけを考え抜き、実行と修正を繰り返しましたから、1年に200日以上で2000時間／年、5年で1万時間に達していたと思います。

ここでも、100人に1人の校長になれたわけです。

これで【1／100×1／100×1／100＝1／100万】となり、夜空に輝く星座のような大三角形が完成したことになります。


50代＝100万人に1人というオリンピック・メダリスト級の「レアカード」を持つ。


これは世代に1人のユニークさでもあります（この計算根拠は東洋経済新報社刊『藤原和博の必ず食える1％の人になる方法』に明示してあります）。

アスリートのように、99万9997人を倒して表彰台に上り詰める必要はなく、一芸に秀でた天才である必要もありません。3種類の「100人に1人になる努力」を掛け合わせて、「レアカード」になること。自分しかやっていない「錦の御旗《みはた》」をあげればいいのです。

例として出したアロマセラピストやネイルアーティストも、天才でなくともできる掛け算の勝利。

〝宣言したもん勝ち〟です。

私の場合は、民間企業における「営業とプレゼン」と「マネジメントの技術」が、学校というノンプロフィット組織で、しかもリクルートとは対極の風土の中でも通用することを証明できました。

三角形のてっぺん（頂点）は、できるだけ遠く、思い切って、それまでの本業とかけ離れたものに挑戦するのがお勧めです。もちろん、持ち玉で勝負しないわけですから、正直言って怖いです。でも、その勇気、というより無謀さが、あとから効いてくるのです。

気をつけたいのは、三角形の底辺でつくりだした〝既得技術〟だけに頼ったり、それに紐づいた〝過去の経験〟に縛られている人が非常に多いこと。同じ業界への転職や同業で独立するといったことがこれにあたります。悪いこととまでは言いませんが、これでは〝縦軸〟が低くなり、結果的に三角形の面積が小さくなってしまいます。

また、私は50代で三角形を完成させましたが、もっと若くして三角形をつくり上げてしまう人もいます。

たとえば堀江《ほりえ》貴文《たかふみ》さんの場合、中学生からの1万時間を費やし、10代で「プログラマー」という左足の軸をつくっています。そのまま20代でＩＴバブル前夜にうまく波に乗り、「ＩＴ系投資家」としてデビューできたので、右足の軸の完成です。

そのままだったら、どこにでもいるＩＴ長者で終わったかもしれないのですが、一見、マイナスと思われる「刑務所に収容される経験」によって、彼は三角形の頂点を築きました。収監中に40代を迎えた彼は、徹底的に読書しながら、現実に起こったことをあらためて検証する「臨象哲学《りんしょうてつがく》」を深めたことで、一種の哲学者となったのです。

２０１３年春に仮釈放され、秋に出した著作『ゼロ』（ダイヤモンド社）が40万部を超えるヒットとなったことが、それを証明しています。

キャリアを3つ掛け合わせて希少性を獲得するこの方法を、人生の基盤となる「信任（クレジット）」を形づくるための「三角形モデル」と呼ぶことにします。

「信任（クレジット）」について説明する前に、どうやって三角形をつくるか、もう少し具体的に説明しておきましょう。

もちろん、「三角形なんかいらない、俺は俺の道を究める」という生き方もあっていい。アスリートのように、一つの分野でキャリアに磨きをかけ、１００万分の1を目指すこともできます。

天才は、この道を迷いなく選びます。しかし天才でない人がこの道を選ぶ場合、相当に過酷な道になる。日本人が好きな、柔道、剣道と同じように、文字通り「道」になるでしょうね。

一つの分野で道を究めて１００万分の1を目指すということは、フィギュアスケートで羽生結弦《はにゅうゆづる》くんを目指すのと同じで、99万９９９９人を打倒しなければなりません。そこには人並みはずれた努力と才能と運が必要です。

また、スポーツ選手、伝統工芸などの職人、音楽家など特殊な技能を究める人は、10代かもっと若いうちにスタートを切っていなければなりません。

それよりは、３つの掛け算でオリジナルの分野を編み出して（編集して）旗を立てたほうが、20代以降のビジネスパーソンにとって、成功確率の高い戦いになるというわけです。

20代、30代、40代と1万時間ずつかけて、じっくり「掛け算」していけば、必ずオリジナルな「錦の御旗」が見えてくるのではないでしょうか。

つまり三角形の「底辺」がライフラインとなるわけです。

まずは三角形の「底辺」をつくりましょう。ここがあなたのライフラインです。

三角形の左下（左の軸足）＝「経済がどうなろうと食っていけるプロの仕事」
三角形の右下（右の軸足）＝「前者と掛け算すると相乗効果のある仕事」

左足と右足の組み合わせは、【お笑い×美容師】だったり、【ツアコン×ドッグセラピー】、【経理×税理士資格】や【販売×ネット通販のノウハウ】、【広報×CSR（企業の社会的責任のアドバイザー）】などなど、いろいろ考えられると思います。

三角形の底辺を「ライフライン」と呼ぶのは、今後、これなしでは生き残れない時代がやって来るからです。

プログラマーやSEといった「なんとなく技術系」の人は、今のままでは今後は厳しい。インドや中国で何十万人ものプログラマーやSEなどの技術者が育ってくるからです。「掛け算」して特有の分野をつくり出さないと生き残れないでしょう。

「なんとなく一般事務」「なんちゃってホワイトカラー」の人もたくさんいると思いますが、どんどんIT化とロボット化が進みますし、付加価値レベルの低い部分は中国やインドへのアウトソースが進みますから、やはり10年後には仕事がなくなります。

「掛け算」で大三角形をつくり、自分の「希少性」の足場を確保して「レアカード化」するのは、もはや一部の仕事人にだけ課されたチャレンジではなく、万人にとっての死活問題になってきたのです。

まず、2つの掛け算から始めましょう。この2つで30代か40代までに1万人に1人のレベルになれたときに（常識的には年収で言えば数百万から1000万円クラスにはなっているはずです）、次に踏み出すものとして三角形の頂点を形成する勝負を賭けましょう。

で、三角形の「頂点」って、どうつくったらいいんでしょう？

三角形の頂点は、抽象的な目標ではなく、現実的な仕事や状態を指します。

私で言えば「義務教育初の民間校長を5年務めること」だし、堀江さんで言えば「独房で読書しながら自問自答を繰り返し哲学すること」だったわけです。

たとえば、「もっと露出が増えること」「知名度が向上すること」「有名になりVIP待遇を受けること」などは、結果であって「なろうとする対象」ではありません。だから、三角形の基点や頂点にはなりえません。

「リーダーシップを身につける」という抽象的な言葉も、曖昧すぎて目標にはなりません。もっと具体的な三角形を目指しましょう。

たとえば左足の軸として「不動産」のリアルな世界で中古物件の売買や賃貸を1万時間修業した人物が、右足の軸として「ネット」の世界で1万時間の修業を積んでライフラインをつくったら、不動産をネットで売るコツを出版することで、「作家／著述家」もしくは「コンサルタント／講演業」さらに「大学教授」というような三角形の頂点を射程距離に置くことができます。

ネットをどう生かせば顧客が増えるのか、成約率が上がるのか、クレームが減るのか、満足度が向上するのか、リピーターになってくれるのかを研究しつくし、獲得したノウハウを整理して本を出版するのです。書籍でなくメルマガなどでネットを使って会員化を図ることもできます。セミナー講師の依頼も来るようになるでしょう。

ある分野で新しいノウハウに気づいて実践・検証して、それを納得してもらえるツールに仕上げれば、この三角形はすぐに成立します。本の著者やセミナー講師として「先生」と呼ばれるようになり、大学教授／客員教授になるのも、結構ある手です。

めったに経験できないレアなアクションも三角形の頂点となりえますし、希少性のある物語になります。

たとえばAさんが、20代で営業スキルを究め（左足の軸）、30代で人事のプロフェッショナルになり（右足の軸）、40代で経営企画室に配属されたケースを考えてみましょう。それだけでは三角形の頂点にはなりませんが、「100億円の運用を預かる」とか「社長秘書として5人の社長に仕える」というレアな経験を1万時間積めば、三角形の頂点になりえるでしょう。

ライフラインをつくったうえで「1万時間トイレ掃除をして『トイレの神様』と呼ばれるようになった」とか、「1万時間かけて100の山を登った」とか、「石巻《いしのまき》に年間60日は通って学校の復興に尽くしている」とか、「ラオスの山奥の少数民族の村に10年間休みごとに通って電気を通すお世話をしている」とか、〝本業〟から外れたことをして三角形の頂点をつくってもいいでしょう。

私自身は「営業&プレゼン」×「リクルート流マネジメント」×「ノンプロフィット組織経営の一形態としての公立学校長」の掛け算でレアカードになったという話をしましたが、その前段階のリクルートフェロー時代には、『処生術』（新潮社）という本を書き、作家／著述家を三角形の頂点としていた時期もありました。校長を務めたあとには5年ほど「東京学芸大学客員教授」という肩書きが三角形の頂点となっていました。

この意味で、三角形の頂点とは、生きていく限り変わっていくものなのかもしれません。

「人生クレジット」を運用しましょう。

「クレジット」は英語でいう大学の「単位」を意味しますし、政治家であればそのまま「得票数」で表されるものです。「クレジット」は、他者から与えられる信任の総量のことを指します。だから、ここからは、単に「クレジット」としたり、「信任（クレジット）」と表記したりしますね。

「信任（クレジット）」とは、あなたが人生を通した諸活動で得られる「使用可能な通貨」だと考えてもらってもいいでしょう。

ビジネスというゲームでは、「お金」という通貨が取引単位です。同様に、人間関係を含む人生全般を扱う私たちの人生ゲームの場では、「信任（クレジット）」が取引されるのだということ。

「信任（クレジット）」を蓄積するのが、まさに人生の目的であると言ってもいいし、「なんのために勉強するのか？」の答えも、「なんのために読書するのか？」「なんのために仕事するのか？」の答えも同じです。

「信任（クレジット）」を蓄積して人生の自由度を上げ、幸福を増産するためにほかなりません。

投資のイロハでよく言われるように、若いうちは〝タネ銭〟すらありませんから、「信任（クレジット）」を貯金のように貯めていく期間が必要です。しかし、あくまで〝若いうち〟。「コツコツ貯めて、利子もつかない普通預金に預けっぱなし」のようなことをしていてはいけません。

「信任（クレジット）」は貸借対照表に載る「資産」と同じですから、「クレジット」を使ってどんな投資行動を起こすか（価値を増殖させるか）というストック勘定が不可欠なのです。日々の活動（クレジットの出し入れ）をし、さらに差益を得るための損益計算書上のフロー勘定も必要になってきます。

仮に年収400万円のビジネスパーソンと、年収40億円のカリスマサッカープレーヤーを比較してみます。年収400万円の人はたくさんいますから、同じようなクレジットレベルの人材と容易に代替が可能です。そのままでは年収が上がらないどころか、中間層的な人材市場への中国やインドの参戦によって、さらに相場が下がってしまうことが考えられます。

いっぽう、カリスマサッカープレーヤーは億を超えるファンをその技術で魅了し続けていられるうちは、言い換えれば、ファンの期待を裏切らず、その信頼と共感に応えているうちは少なくともフローの収入は保障されることでしょう。

つまり、収入は「信任（クレジット）」をどの領域で、どれほど張るか（賭場に張るときのイメージ）が大事になります。なるべく、希少性（レアさ）を維持できる賭場に張るべきだし、自分の希少性を高める投資をすべきなのです。

どのように「希少性」を維持しながら、クレジットを運用し続けていくかを、しっかりと考えましょう。そうすれば、あなたの人生の賞味期限も延びていきます。

限度額まで「クレジット」を換金してしまうと、人生の自由度がガクンと目減りしますよ。

「信任（クレジット）」が大きければ大きいほど、あなたの自由度は大きくなりますし、大きな仕事を任せられるようにもなるでしょう。

三角形の面積＝「信任（クレジット）」の総量のうち、通常は一部を現金化することになる。それを「報酬（年収や月収）」と呼びます。

この「一部」というところが大切だと、私は考えています。

たとえば、1000万円分の「信任（クレジット）」を蓄えた人が年収1000万円の仕事をしていれば、余裕ゼロのアップアップ状態。年収は高くても、いつ倒れたり病気になったりするか分かりません。

逆に500万円しか現金化していなければ、あと500万円分の「経済的自由度（時間の自由）」が保障されるというわけです。

「時間リッチ」な人、余裕のある人、仕事はできるし幸福そうに見える人は、大きなクレジットレベルを持っているのに、その一部を現金化するだけでいいように、生活の損益分岐点をわざと下げているのです。

「自由」＝「クレジットの総量」－「自分が稼ぎ出すお金」

1000万円分のクレジットを持っている人が、年間365日を仕事に充てて1000万円を現金化

図3
信任（クレジット）の総量と自分が稼ぎ出すお金で「自由」が決まる

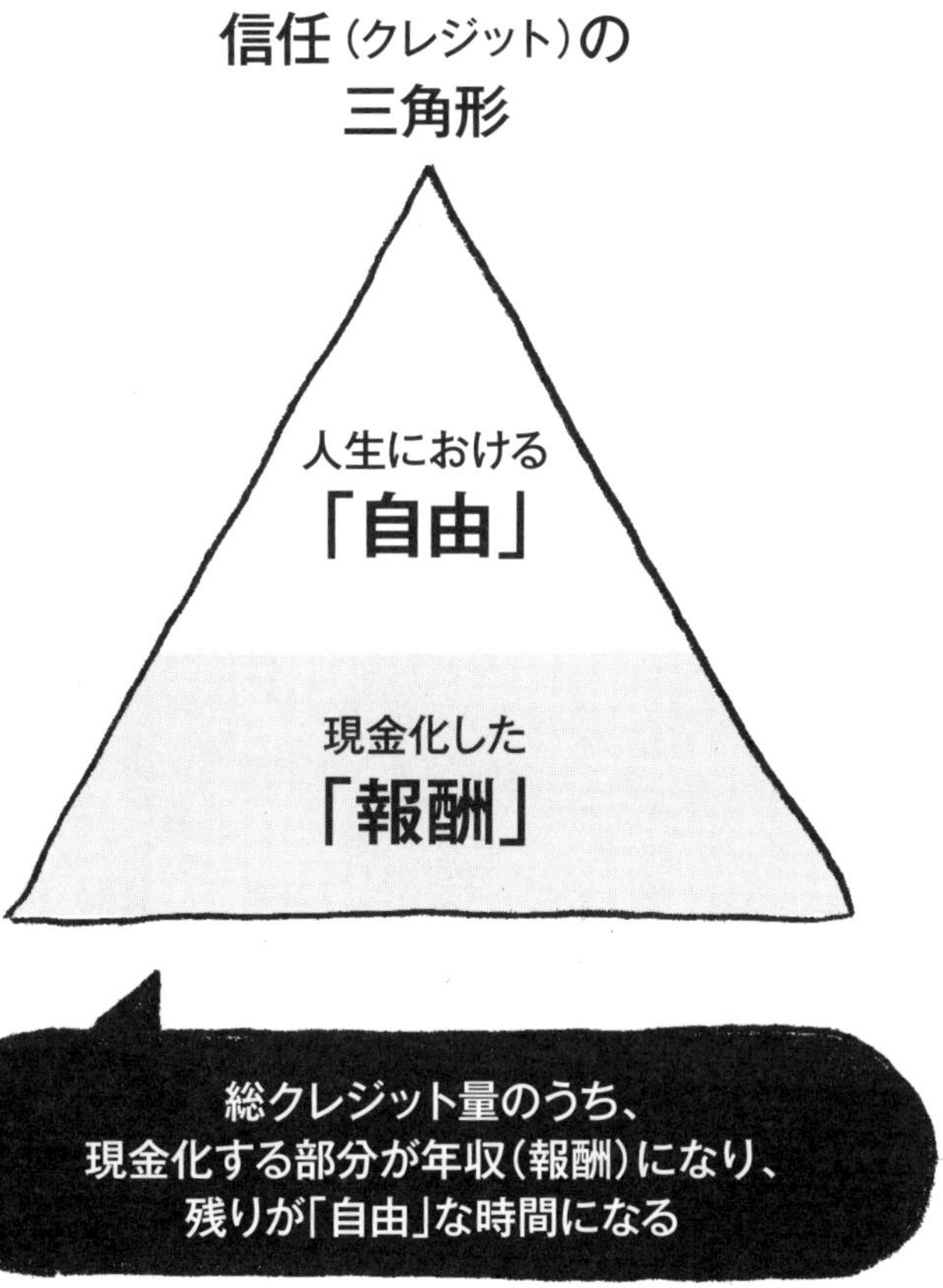

するのではなく、半年分だけ働いて５００万円稼ぐ。あとは友人のためにタダ働きをしたり、逆に、自分のほうからお金を払いながら未来のクレジットに投資するという生き方があります。

こうすれば、時間や場所に拘束されない自由が手に入るでしょう。その自由な時間を使って、被災地を支援したり、将来性のある若者のチャレンジに協力したり、実際に領収書のいらないお金を出して応援したり。

これならクレジットを減らさず（逆に自由時間にボランティアなどをしてクレジットを増殖しながら）、余裕を持って仕事ができるわけです。

＊＊＊

オリエンテーションとして、**「あなたの時給を確認」**し、**「信任（クレジット）の三角形をつくる」**という、これからの時代を生き抜いていくための「21世紀の働き方」の基盤となる考え方をお伝えしました。つまり、「21世紀の働き方」とは、自らの付加価値を高めながら信任（クレジット）の三角形をつくり上げていく働き方にほかならないのです。

では、いよいよ、「21世紀の働き方」の個別レクチャーに入っていきましょう！

目次

LECTURE 1

「情報編集力」の時代に脳みそをアップデートする

LECTURE 2
納得解を紡ぎ出す情報編集力の鍛え方

LECTURE 1

「情報編集力」の時代に脳みそをアップデートする

これまで必要とされた「力」が今、
通用しなくなっています。
それは、正解のない時代が始まったから。
正解のある時代に通用した「力」では、
もはや信任（クレジット）の三角形はつくれません。

信任（クレジット）の三角形をつくる旅に出る、
勇気あるあなたに。

LECTURE 1-1

「成熟社会」が始まった！
そこで求められる人材とは？

「成長社会」から「成熟社会」へ、私たちは今、時代の大きな変化の中にいます。

「今、時代は大きく動いている」と言われますよね。それは、具体的にはどういうことでしょうか。簡単にご説明することから、レクチャーを始めます。

今、日本はどんな時代を迎えているのか?

ひとことで言えば、20世紀の「成長社会」から、21世紀の「成熟社会」へと急速に変化しています。

つまり、もはや「成長」の時代は終わったということです。そして、今、ものすごい勢いで、社会の「成熟」度が深まっているのです。

では、社会の成熟度が深まるとはどういうことでしょうか?

「成長社会」と「成熟社会」の特徴を比較しながら考えてみることにしましょう。なぜなら、「成長社会」と「成熟社会」の違い、「成長社会」から「成熟社会」への変化をしっかり認識できるかどうかが、これからの時代をいきいきと生きていくうえで、非常に大切なことだからです。

「成長社会」と「成熟社会」の違いを理解していないと、仕事でも、自分の人生でも、子育てや教育においても、的を外してしまいます。それほど重要な変化が起きているのです。

まず、20世紀の「成長社会」は、いつ終わったのか?

大きな転機は1997年。この年、日本の経済成長はピークアウトしました。山一證券が倒産し、翌98年には北海道拓殖銀行など大手金融機関の経営破綻が明るみになったのです。すなわち、日本における「成長社会」はこのとき終わりを迎え、98年から「成熟社会」が始まった、ということが言えます。

顕著な特徴として、この時点から、日本の一人当たりの個人消費は下がり続けています。

途中、政府は3回ほど〝ドーピング〟をしました。自動車、住宅、電気製品の消費をエコポイントなどの政策によって、力ずくで盛り上げたのです。それでも、個人消費は下がり続けました。

いっぽう、同じ頃にぐっと跳ね上がった統計データもあります。

何だと思いますか?

答えは自殺者の数です。それまで例年2万数千人くらいで推移していたものが、成熟社会の深まりとともに3万人を超えてしまいました。その後、多いときには3万4000人まで増えていて、なかなか3万人を割ることができませんでした。

これらは、何を表しているのでしょうか?

「みんな一緒」から「それぞれ一人一人」の社会へ。

成長社会と成熟社会、それぞれの時代の特徴をここできっちりとらえてみましょう。

20世紀の「成長社会」の特徴をひとことで言えば、「みんな一緒」という感覚が強かった社会です。

それに対し、現在の「成熟社会」とは、「それぞれ一人一人」に細分化されていく社会です。

20世紀の経済は「昨日より今日、今日より明日」と、ずっと盛り上がり続けてきました。そして、1980年代の日本では、ほとんどみなが中流という意識が強くできあがりました。

けれども、「中流」のみな全員が一緒に「上流」に上がれるわけではありません。それが、成長社会の終わりと同時に決定的となり、自殺者の増加のデータにも表れているのでしょう。

21世紀になり、人々は分断され、価値観は多様になり、社会は複雑化してきています。

一人当たりのGDPの低下傾向も、アベノミクスでこれだけ現金を突っ込んでもびくともしない。つまり、経済的成熟段階に入ったわけです。全体の伸びが小さいと、パイの食い合いが始まります。「みんな一緒」ではなくなって、格差が拡大していく。

それは同時に、「それぞれ一人一人」という感覚が強くなり、価値観の多様化が進むことでもありました。以前通りの成長や経済的豊かさを目指すのをよしとする人、むしろそれをかっこ悪いと思う人、「多いより少ない」「速いよりゆっくり」を理想とする人などなど、さまざまです。

このように、社会が複雑化し、変化が激しくなり、価値観が多様化するのが成熟社会の実相なのです。

成熟社会の特徴とは……
・人々の価値観が多様化する

・社会が複雑化して、変化も激しい

「みんな一緒」の成長社会から「それぞれ一人一人」の成熟社会へ——これが理解できると、ビジネスチャンスの見つけ方も変わります。

たとえばひと昔前なら、「結婚式の引き出物はウェッジウッドの３０００円のカップにしよう」と、「みんな一緒」に決めてしまいました。ところが、時代が変わってくると、「もらったものが好みに合わない」という人が増えてきます。

そこに目をつけたのがリンベル（RING BELL）という会社です。彼らは、３０００円とか５０００円とか、同一価格で何百種類もの引き出物を集めてカタログ化しました。それで、最近は披露宴に行くと、引き出物ではなく、カタログをもらう、というように変わったわけです。

これが典型的な例。「みんな一緒の引き出物をありがたくいただく」時代から「それぞれ好きな物を選びたい」という時代に変わったのです。

成熟社会においては、もはや「正しい幸せ」などありません。

成長社会では、典型的に幸せな人生設計がありました。いい学校に入り、いい会社に勤めて、課長く

図4
成長社会から成熟社会へ

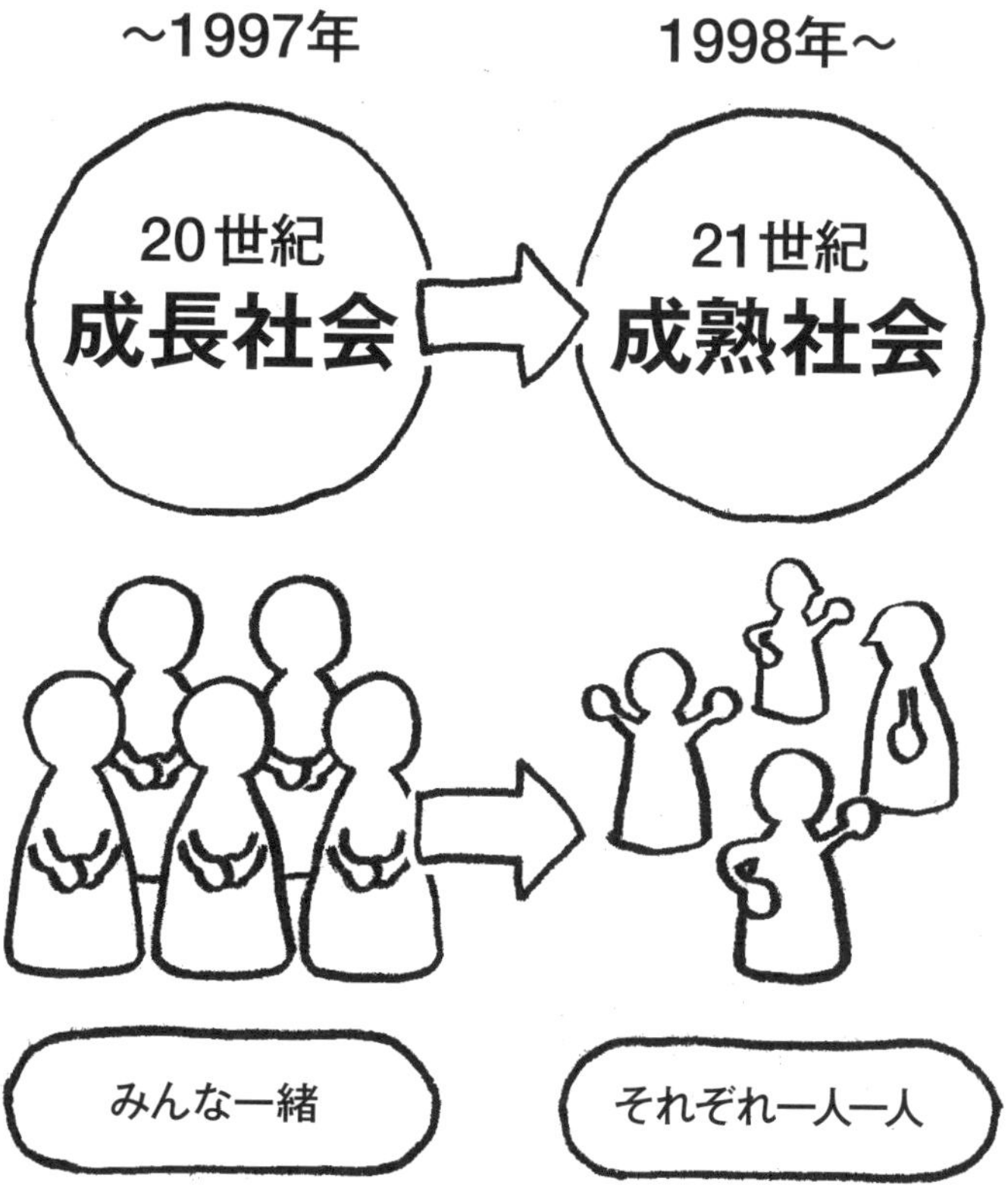

らいになることができれば、退職金の予想もつきます。それで、自分の家を建てて、老後には孫が訪ねてきてくれる……。このような、みなが一緒に思い描く「典型的な日本人としての幸せ」があった。それが成熟社会になって崩れたのです。

現在は、それぞれ一人一人が自分独自の幸福論を持たないと、幸せになれない時代になりました。こういう時代においては、教育も変わらなければなりません。

学校で『走れメロス』を読むという授業がありませんでしたか？

試験では「帰り道のメロスの気持ちに一番近いものはどれですか？　次の４つの選択肢から選びなさい」などと問われたはずです。典型的な４択問題ですね。

つまり、そこには、「与えられた選択肢の中に必ず正解がある」という前提があったわけです。でももう、そのような時代ではありません。**今、求められるのは、その４つの選択肢を、自分自身で仮説として立てられる人材です。**与えられたものの中から選ぶのではなく、自分で仮説を立て、それを一つ一つ自分で検証し、ときには仮説そのものを修正し、納得できる解を見つけていける人です。

今、産業界が求める人材とは……
・自分自身の仮説として、いくつかの選択肢を見つけられる人
・選択肢のどれかを試行錯誤でやってみる人
・やってみた結果を見て、選択肢を修正していける人

現在進行形で、日本は成熟を深め続けている。この認識がとても大切です。

２０２０年、東京オリンピックがやってきます。このオリンピックの前と後では、おそらく時代がぐっと変わるはずです。成熟社会が始まってもう17年になりますが、これから7～8年後には、その変化は決定的なものになっていることでしょう。

LECTURE 1-2

「正解」のない時代、求めるべき「解」とは？

「情報処理力」より「情報編集力」！で、「情報編集力」って何？

正解が一つの成長社会では、正解を早く正確に言い当てる力、すなわち「情報処理力」がもっとも重要でした。

たとえば、「大きいことはいいことだ」「安いことはいいことだ」といった明確な指針があって、いかに早く正確に「正解」に至れるかで会社での出世が決まりました。会社に限らず、公務員であっても、教員であっても同じ。「情報処理力」の高い人が勝者となったのです。

大学入試の問題が記憶力重視のものになっていたのは、ある意味、当然です。情報処理力の高い人を選別するのに、それがもっとも効率的だったからです。

しかし、成熟社会に入り、あらゆる場で「正解」がない問題のほうが多くなっている。

ビジネスの世界で、正解が一つで、意思決定はどの経営者がやっても大体同じ、なんてことはないと思います。学校現場でのいじめの解決でも、介護でも、それは同じです。

それぞれの状況でそれぞれに異なる多様な解が求められている。状況は常に変化するから、正解は一つではないのです。

こういう時代により重要になるのは、情報を「処理」する能力ではなく、「編集」する能力です。自分の頭の中で、知識・技術・経験のすべてを組み合わせて、そのときそのときの状況の中でもっとも納得できる「解」を導き出す能力のこと。

自分だけが納得していてもダメです。関わる他者も納得できるものでなければならない。そうした解を私は、**「納得解」**と呼んでいます。

たった一つの「正解」がなくなった成熟社会では、自分が納得し、かつ関わる他人が納得する「納得解」を、情報を編集する能力を駆使して、どれだけつくり出せるか？　どれだけ紡げるか？　それが問われるのです。

状況がさまざまに異なり変化する、「正解」なき「成熟社会」では、
自分の頭の中で知識・技術・経験のすべてを組み合わせ、
それぞれの状況に合わせて、
自分も他者も納得できる「納得解」を導き出す「情報編集力」が必要です。

「正解主義」から「修正主義」へ。イノベーションを起こす人の頭の使い方。

これからのビジネスパーソンの成功の鍵は、情報処理力ではありません。それなら、コンピュータのほうがずっと優秀ですし、実際、現在のホワイトカラーの仕事は、次々にコンピュータに取って代わられつつあります。

それよりも、

・どれぐらいアイディアを出せるか？　どれぐらい知恵が出るか？
・どんなふうに仮説を設定し、試行錯誤を繰り返し、問題解決を図っていけるのか？
・どんな世界観で、どんな新規事業を考え出し、どんなイノベーションを起こせるか？

これらが求められているのです。

イノベーションなくして、企業も国も生き残っていけないからです。

情報処理力は、学校でそれなりに勉強すれば身につきます。本書をお読みのみなさんも、きっと学生時代から情報処理力を鍛えてきた方々だと思います。しかし情報編集力を鍛えるためには、これまでとは異なる頭の使い方が必要になります。

次ページの図5をご覧ください。情報「処理力」と「編集力」の間には大きな壁が立ちはだかります。実際、厚い壁があるのです。

左の情報処理力の世界では、「正解は何か？」がもっとも重視される。まさに日本の教育システムの特徴、つまり「正解主義」です。学校教育の場だけでなく、多くの会社も正解主義に呪縛されている。

正解主義で鍛えられた頭のまま、1日の7割とか9割がた、情報処理的な業務をこなす日々を送っていると、完全に頭が正解主義に偏ってしまいます。当然、いいアイディアは出てきません。イノベーションなど望むべくもない。

アイディアを出したり、イノベーションを起こしたりするには、「正解主義」から「修正主義」に頭を切り替えなくてはなりません。それによって、「情報編集力」を鍛えるのです。

「修正主義」では、たった一つの正解を言い当てる必要はないのですから、まず、頭に浮かんだものを、どんどん口に出してみます。口に出すと、周囲から必ず何らかの反応があります。批判もあるでしょう。そこで凹む必要はありません。それが的確な指摘だったら、解を修正すればいいのですから。

「まずは言ってみて、人の意見をよく聞いて、進化させていけばいいじゃない」

図5
正解主義から修正主義へ

こんなモードです。行動もそうです。とにかく動き始めてみて、周囲の反応を見る。人の意見をよく聞いたり、お客さんの声を集めたり、マーケットの動向をよく見て、どんどんどんどん修正していく。昨日より今日、今日より明日がよくなるように、改善を続けていきます。そうやって、自分も他者も納得する「納得解」を紡ぎ出していくのです。

「正解主義」から「修正主義」へのモード変更、これが非常に大切です。

「とにかく正解を当てたいというマインド」を捨てる。
「ミスしちゃいけない」という呪縛から自由になる。
そうすると修正主義が身についていきます。

ここで、修正主義を身につけるための例題を出しましょう。

例題

もしあなたがタイヤメーカーの社長で、もっと儲けるためによのなかになかったタイヤを生み出すなら、どんなタイヤをつくりますか？　分かる人？

何百人も集まる講演会でも小さなセミナーでも、この例題を出すと、たいていはシーンとなります。隣の人と、なんとなく顔を見合わせて、「あれ、どうしようかな……」という感じ。なぜなら、「分かる人？」と聞かれた瞬間、参加者の頭の中で、猛スピードの「正解探し」が始まるからです。

でも、この問いかけには、そもそも正解がありません。今のよのなかには存在していないものなのですから。正解がないのに正解を探しても、思考停止になってしまうだけです。

これは日本において典型的なケースで、海外ではだいぶ事情が異なります。

私はロンドン大学のビジネススクールで教えていた経験があるのですが、そこでこういう質問をすると、とにかくどんどん意見が出ます。そろーっと手が挙がるというのではなく、人の意見をさえぎってでも発言する。私が後ろ向きになってホワイトボードに何か書いている最中でさえ、みんなあれこれアイディアを出しまくります。

たとえば、非常食にもなる「食べられるタイヤ」。廃棄に便利な「溶けるタイヤ」。木のぬくもりがカッコいい「木製のタイヤ」……などなど。誰でも知っている一流企業の現役ビジネスマネジャーが、平然と「食べられるタイヤ！」と言うのです。

バカバカしいもの、笑っちゃうもの、日本人なら恥ずかしくてまず言えないような案がバンバン出て、みんな笑います。笑うとどうなるかというと、誰もが意見を言いやすくなる。

こうして活発に発言が交わされると、3分後には、もっといい意見が出るし、5分後には数段意見が進化し、15分後にはそうとうすごいアイディアに結晶したりします。

最初から完全な解を出そうとする必要はありません。
自分が思ったことをまず言う。
それに対する人の意見をよく聞いて、意見を進化させていく。
この「修正主義モード」がイノベーションを生む場をつくります。

LECTURE 1-3

情報編集力は「つなげる力」

「ジグソーパズル型の思考」から「レゴ型の思考」に頭を切り替えましょう。

私はよく、情報処理力と情報編集力を子どもの遊びにたとえて表現しています。

情報処理力＝ジグソーパズル
情報編集力＝レゴ

ジグソーパズルはどれだけピースの数が多くても、それぞれのピースが置かれるべき場所はたった一つ、正解の場所は1ヵ所しかありません。「世界の名画」を完成させても、それは〝パズルのつくり手〟によってもとから与えられていたものです。自分でつくりあげた世界観ではありませんよね。

ジグソーパズル型のゲームというのは、最初から決まっていたものをいかに素早く再現できるか、その処理力が問われるパズルなのです。

だから、戦後70年、ジグソーパズルを早く埋められる情報処理力の高い労働力を大量生産しようとしたのが、日本の教育の姿です。

これに対し、組み合わせ次第でどんな形もつくり出せるレゴでは、何をつくるかは遊び手次第。

〝つくり手〟が想定した完成図は、一つのモデルとしてあることはありますが、別にその通りつくる必要はありません。さまざまなブロックを自由に使って、家でも街でも、宇宙船だってつくれる。遊び始めてから、〝つくり手〟はもちろん、自分でも当初想定していなかった世界観すらつくり出せるのです。

まさに、レゴは「情報編集力」を駆使するパズルですね。

言うまでもなく、これからの時代に求められるのは、レゴ型の思考、すなわち「情報編集力」です。

メタファーを用いて他の人と頭をつなぎ、「納得解」を紡ぎ出そう！

すでに何度もお話ししているように、みんな一緒の高度成長期では、情報の処理力が大事でした。正解がある前提で、「正解」を早く正確に当てられる力ですね。

それが、成熟社会では正解が一つではなくなってきているため、情報の編集力が大事になる。頭の中にある知識・技術・経験のすべてを組み合わせて、個別の状況の中で納得できる解を探す力です。

〈LECTURE 1-2〉でお話ししたように、その解のことを私は「納得解」と呼んでいます。

ここで大事なのは、納得するのが自分だけではダメだということ。関わる他者も納得できる解でなければなりません。**「自分が納得し、かつ関わる他者も納得できる解」が「納得解」です。**

その納得解を導き出すのが「情報編集力」というわけです。

正解が多様化している現代において、「納得解」を求めるという認識は非常に大切です。

極めつけは経営者。一人一人のビジネスパーソンだけでなく、経営者も当然、これまでのやり方を変えなければなりません。かつての「最初から正解ありき」で先頭を切って走るタイプのマネジメントでは、組織は動きません。企業独自のゴールを設定するだけでなく、社員それぞれ一人一人が納得できるゴールを別々に設定する必要があるのです。

つまり、これからの経営者は、状況の変化に合わせて個別の解を出さなければならない。そして、それを社員の全員に納得してもらわないといけない。アイディアや理念やビジョンを、納得できる言葉で社員たちに語らなければならないわけです。変化する状況に合わせて、自分の頭の中で知識・技術・経験のすべてを組み合わせ、関わる他者も納得できる解を導き出す。まさに、情報編集力を駆使しなければいけない。

そのようなとき、メタファー（比喩）を使うことはとても有効です。いま私が「情報処理力は、ジグソーパズル。情報編集力は、レゴ」として説明したのはまさにメタファー。抽象的な考えを具体的な「もの」にたとえて説明することで、相手もまた納得する「納得解」になります。

自分の頭の中で考えていることを、相手もまた自らの頭の中で考え、納得する。そのとき、自分の頭と他の人の頭を「つなげる」ということにもなるのです。

その意味で、情報編集力は「つなげる力」と言っていいでしょう。

重要なのは、自分一人だけで解決しようとしないこと。

よのなかが成熟期に入ると、たった一人で解決できることは少なくなります。それならば他の人と脳をつなげて、彼らの知恵や技術も自分のもののように使いましょう。つまり脳を拡張するわけです。インターネットが存在する今、ひと昔前とは比べものにならないくらい簡単にできます。他の人の知恵や技術もたぐり寄せて使いながら、「納得解」を紡ぎ出すこと。成熟社会ではこれが特に重要です。

図6
情報編集力は「つなげる力」

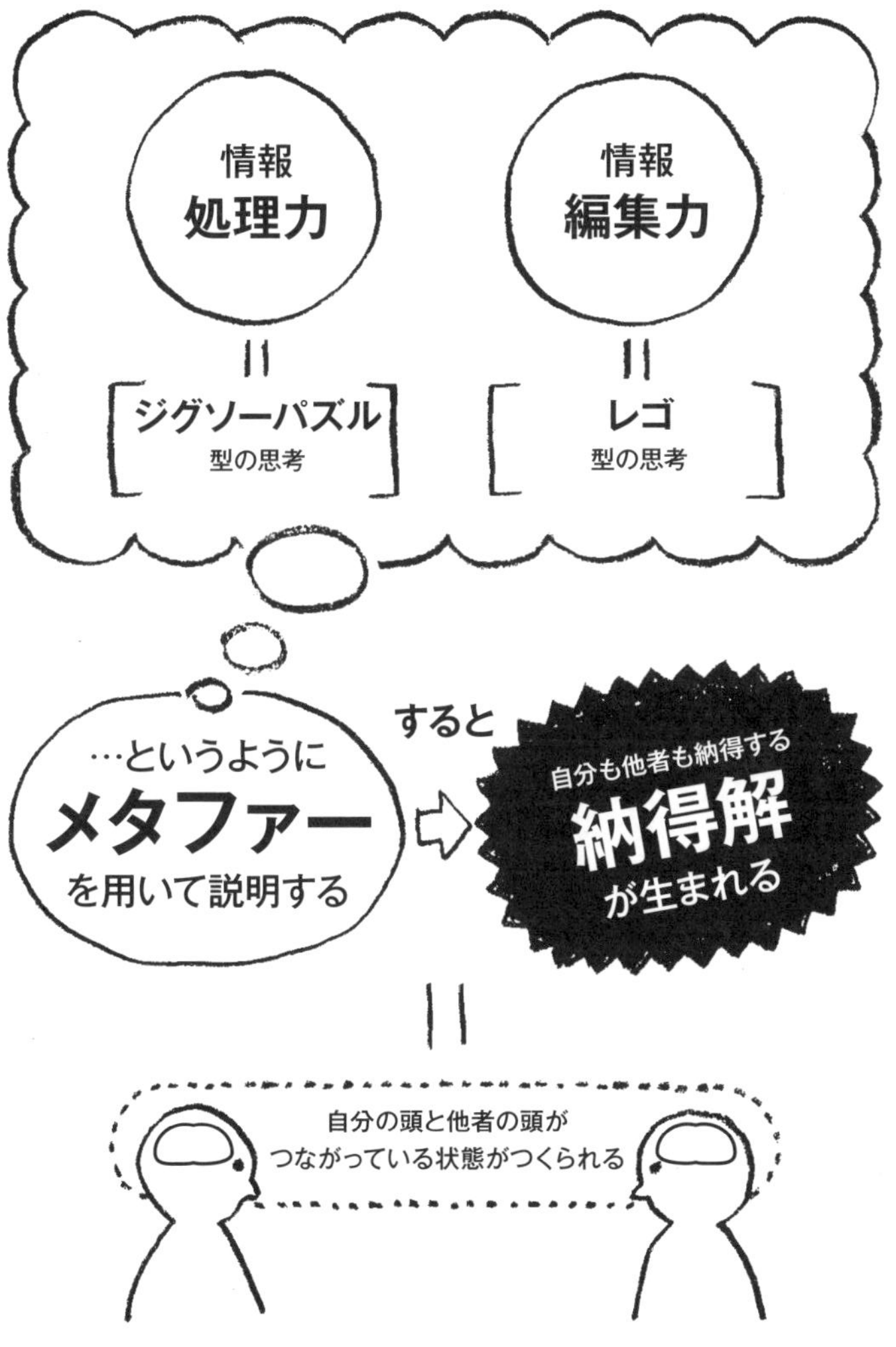

LECTURE 1-4

頭を「情報編集」モードに切り替えよう！

よのなかの変化に合わせて、頭も変化させるには？2つのコツをお教えします。

頭の中にある知識・技術・経験のすべてを組み合わせて、個別の状況の中で、自分も他の人も納得できる「納得解」を導き出す「情報編集力」。これを鍛えるにはどうしたらいいのでしょうか？

それには、〈LECTURE 1-2〉で図5とともにお話ししたような「壁」を乗り越える必要があります。**よのなかの変化に合わせて頭も変化させなければならない、ということです。**

でも、どうやって？　というわけで、頭を切り替えるコツを紹介しておきましょう。

コツその①　クリティカル・シンキング
コツその②　イマジネーション

コツその①は、批判的精神というものです。常識・前例を疑い、否定することから考え始めることで、自分の考えを形成するやり方。

コツその②は、考え始めるとき、めいっぱい想像力を働かせること。

それなら私は得意、という方もいらっしゃるかもしれません。では、あなたのクリティカル・シンキングとイマジネーションを組み合わせて、次の例題を考えてみてください。

例題①

「喪服ってなんで黒いの?」


みなさんも、お葬式に参列したことがあるでしょう。そのとき、喪服を着て行きましたよね。もしあなたの親戚に小学校3年生ぐらいの女の子がいて、「喪服ってなんで黒いの?」と質問してきたら、何と答えるでしょうか。30秒で考えてみてください。

いかがでしょう? 「黒」という色に対する意味づけを考える人が多いかもしれません。

「お葬式で感情が湧き出てしまうのを抑えるためには黒が適切なんじゃないか」

「お葬式の主役は故人で、参列者は脇役。だから陰のように目立たない黒がいい」
「悲しみを表すのに、ふさわしい色は黒だろう」
こうした意見が出るのではないでしょうか？　複数回答でかまいません。正解をネットで検索する前に、自分の頭で考えてみましょう。ポイントは、常識を疑い、自由に想像力を働かせることで、あなた自身の仮説を立てることです。

仮説を立てたら、検証してみましょう。

ちょっと調べてみれば、あまり知られていない驚くべき事実が発見されると思います。私の『はじめて哲学する本』（ディスカヴァー・トゥエンティワン刊）という本の冒頭にも、このエピソードが登場します。

実は、日本の喪服というのは、明治期に入るまでは白でした。

ドラマや映画で江戸期の時代劇を見ると、切腹のシーンで侍が着ているのは白い着物。その伝統は未だに残っていて、故人をお棺に入れて送り出すときは、基本的に白装束です。ときには故人が大好きだった着物で送り出すということもあるかもしれませんが、あくまで例外的な心遣いだと思います。

喪服が白から黒に変わったのは明治の終わりです。

「諸外国では、どうやら黒い服を着て参列するのが正式らしい」

そんな知識を得たのは、文明開化の最前線にいた上流階級の人々や政治家たち。彼らはなにかと欧米に倣《なら》うのが好きでしたから、徐々に「喪服は黒」となっていったのです。

ところが日本の庶民というのは偉いもので、外国がどうだろうと、依然として白い喪服を着ていました。

さらに時が流れ、それからの日本は戦争を何度かします。たびたび人が亡くなると、喪服の貸衣装屋も忙しくなるわけです。当時は白と黒の両方をレンタルできたのですが、より汚れにくい黒のほうが選ばれて、太平洋戦争ぐらいまでには庶民の喪服も黒一色になっていました。歴史的にはこうなります。

さて、いかがでしょう？　みなさんの仮説は「喪服は黒」という前提まで疑って立てられていたでしょうか。しかし、この例題のポイントは「正しい仮説を立てること」ではありません。

当たり前だと思っていることを、もう1回疑ってみる。これぞ、クリティカル・シンキングのトレーニングです。そして、疑いっぱなしで終わらせず、そこからいくつもの仮説を自由に考えてみることは、まさにイマジネーションのトレーニングでもあるのです。

「白いものを黒くしたら？」頭の体操で、思考を揉みほぐしましょう。

常識・前例を疑ってクリティカル・シンキングをし、イマジネーションを働かせる。これは思考をやわらかくする〝頭の体操〟です。

みなさんは、肩が凝ったとき、ちょいちょいと自分で揉むと思います。マッサージに行ってもいいのですが、「この辺が固まっちゃったな、凝ってるな」というところをぐりぐりやって、物理的にほぐそうとします。

ところが脳みそは、頭蓋骨が邪魔になって揉めません。頭を揉みほぐす場合は、直接さわれないインナーマッスルをストレッチで揉みほぐすように、いろいろな問いについて考えてみるといいでしょう。

では例題です。

例題②

よのなかには白いものがいっぱいあります。

白でなければいけないもの、白であってほしいものを10以上、挙げてください。

30秒でメモ帳に書き出しましょう。


いかがでしょう？　トイレットペーパー、ノート、まな板、綿棒、豆腐……。

「白い壁に設置するならエアコンも白くなきゃ」という答えも出るかもしれません。

そうしたら今度は、今挙げた10の「白いもの」についてさらに考えを深めましょう。

それらの中には、「絶対に黒はありえない。白じゃなきゃダメだ」というものと、「いや、別に黒でもいいんじゃない？　逆に黒のほうがお洒落かも」というものがあると思います。

そこで再び、例題です。

例題③

先ほどメモした白いもののうち、黒にするとヒットしそうな商品はどれでしょう？当てはまるものをすべて選び、その商品について具体的にイメージしてください。

「黒でもよさそうなもの」を挙げるだけでなく、さらにイマジネーションを働かせて、普通は白いものが黒くなったらどうなるかをイメージするのです。

3つくらいは「案外、黒もいける！」と気づくのではないでしょうか？

たとえばティッシュやトイレットペーパー。ご存知の方も多いと思いますが、黒いティッシュやトイレットペーパーを開発し、ホテル向けに高級品として売り出したらヒットしたという事例もあります。「黒いほうが耳垢の取れ具合がよく分かる」という理由で、黒い綿棒もあります。最近では黒いまな板が、「大根など白い食材を切るときに見やすい」という理由で販売されています。

「白から黒」のほかにも、あれこれ考えて、頭の体操をしてみましょう。次第に、あなたの頭は「情報編集」モードに切り替わっていくはずです。

図7
頭を「情報編集」モードに切り替える

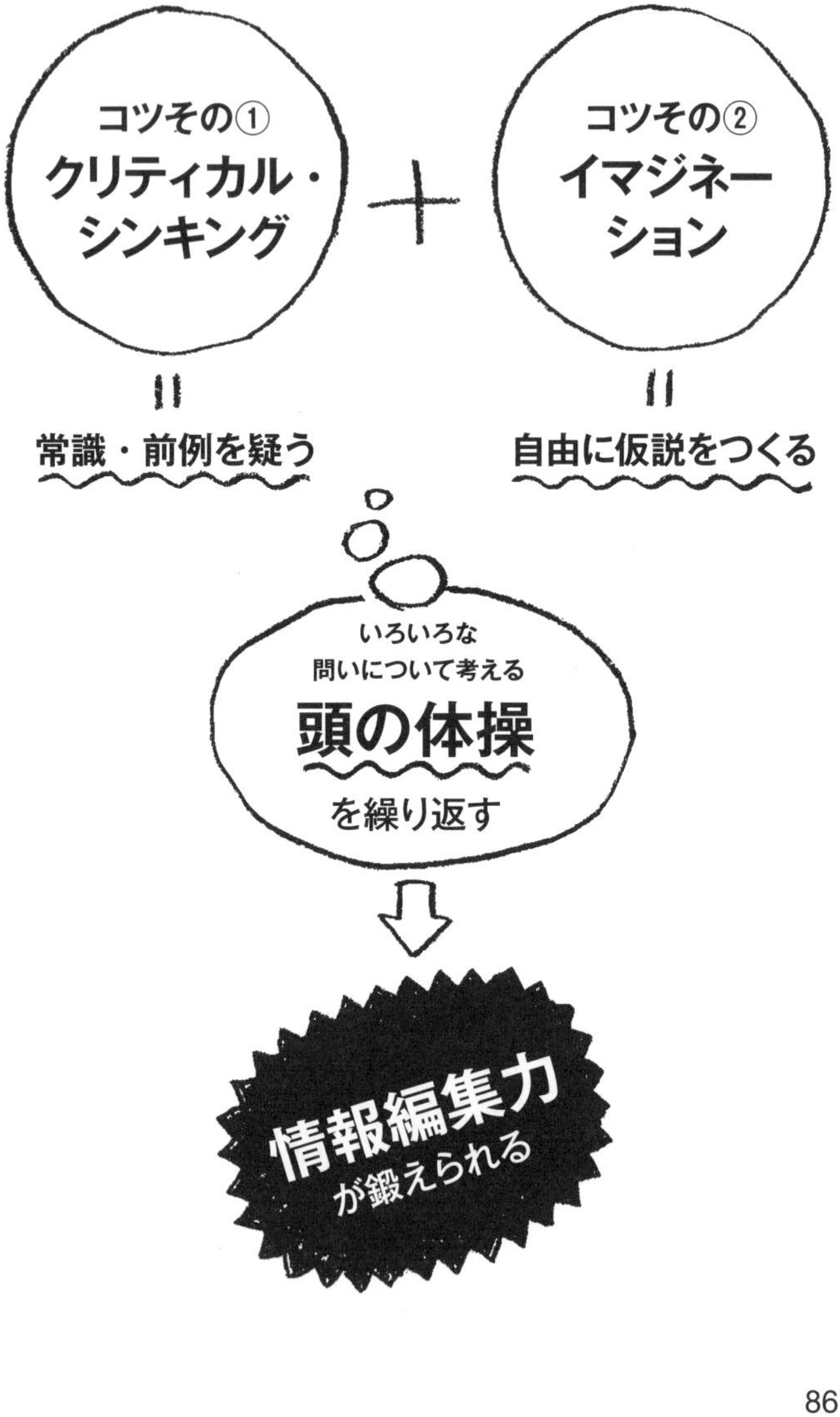

LECTURE | 1-5

「遊び」がイマジネーションを豊かにする

頭の中をGoogle本社にする方法とは?

常識・前例を疑うことでクリティカル・シンキングをし、イマジネーションを働かせる。このプロセスでは、「遊び」の要素が大切になってきます。つまり、みなさんが「常識だ」と思っていることから一度離れてみて、思考を自由に飛び回らせ、頭の中を遊ばせるわけです。

会社の風土も、とにかく正解を求め、速く正確にビシッとやりましょうというだけでは、社員の発想力も枯渇してしまいます。遊びの要素がどこかにあってこそ、常識破りの新商品を生み出したり、イノベーションを起こしたりする社員が出てくるのです。

シリコンバレーの企業がオフィスのつくりに〝遊び〟を取り入れていることはよく知られています。Googleのカリフォルニア本社には、フラミンゴと遊ぶ恐竜のオブジェがあったり、カラフルなパラソルが目に鮮やかなカフェスペースがあったりと、おもちゃ箱のような環境です。

子どものような遊び心が、自由な発想を生み、そこから新しい商品が生まれることを知っているのでしょう。

あなたが、お金持ちのオーナー社長でない限り、オフィスをいきなりGoogleふうにするのは不可能でも、頭の中は今すぐ自在にリノベーションできるはずです。イマジネーションを働かせて頭の中でどんどん遊び、イノベーションを起こしていきましょう。

というわけで、まずは遊んでみましょう。頭を「情報編集」モードに切り替えるためのレッスンでもあります。

次の例題を実際にやってみてください。

例題

虹の色は何色ですか？　何色と何色でしょう？
15秒で考えてみましょう。

辞書を引けば答えが載っていますし、ネットで検索することもできますが、まずは自分で考えてみてください。繰り返しますが、大事なのは、常識・前例を疑い、自由に想像力を働かせることです。

世界には、実に多様な「常識」が存在します。

虹の色を考えるとき、たいていの日本人は7色を数え上げようとします。「赤・青・黄」の3色はすぐ浮かぶでしょうね。さらに考えると、青と黄の中間の「緑」、赤と青の中間の「紫」が出てきて、5色になります。そして、あとの2色がなかなか出てこないかもしれません。明治・大正とか昭和の初期ぐらいの生まれの人を除くと、結構、知らない人が多いようですが、正解は、橙と藍色《あいいろ》。

さて、**日本ではこれが「正解」とされ、「虹の色は7色だ」と日本語の多くの辞書にも書いてあるのですが、はたして本当でしょうか？**

リクルート在籍中の30代終わり、私は新規事業担当部長として1年ほどフランスにいたことがあります。

商談をしたあるゲーム会社のコーポレートマークが、5色に塗り分けられたアルマジロ。「赤・青・黄・緑・紫」の5色でした。

「なんで5色なのか？」と私が問うと、フランス人のビジネスパートナーは、虹の色だから、との答え。

「でもね、虹の色って7色じゃない」と私がたたみかけると、彼はきょとんとしていました。

フランスの教科書や辞書に正確にはどのように記述してあるのか分かりませんが、「**フランスでは虹の色は5色だと教えている**」と彼は言っていました。

帰国後、あるラジオ局に調べてもらったところ、アメリカでは5色に橙をプラスして6色で教えている州が多い、ということも分かりました。

それからもう一つ面白かったのは、**アフリカには「虹の色は2色だ」と言っている民族がいる**という話です。その民族の使う言葉には、色を表す言葉が「明るい色」と「暗い色」の2種類しかないそうなのです。

「明るい色と暗い色があるのが虹だよね？　それなら虹は2色だ」という考えを持っている人たちがいると聞いて、私は非常に驚きました。「世界にはこれほどいろいろなとらえ方があるのか」と、多様な「常識」の存在を実感したものです。

「虹の色は7色だ」と、たった今まで決めてかかっていた人も、「虹の色は、場所によっては7色ではないかもしれない」と考え直してみましょう。

このように、「ものの見方」というものは、所属するコミュニティによっても異なります。

虹の色は場所によっては7色ではなく、5色か6色かもしれないし、2色かもしれない。常識中の常識だと思われているようなことすらを疑い、多様な「常識」のあり方を自由に想像する。こういった発想を頭の片隅に置くことで、物事を批判的に見直し、客観的かつ論理的に考える、いわゆるクリティカル・シンキングとイマジネーションを身につけていくのです。

常に常識を1種類に限定しないで考えることは、「つなげる力」を高めることにもなります。あなたにとっての当たり前は、ほかの人にとっての当たり前ではない。この前提が自由な発想を生み、それぞれ一人一人の個性尊重にもつながります。お互いの違いが尊重され、「つなげる力」が強まっていく。

つなげる力、つまり情報編集力は、こんな「遊び」からも鍛えることができるのです。

図8
常識は1種類ではない

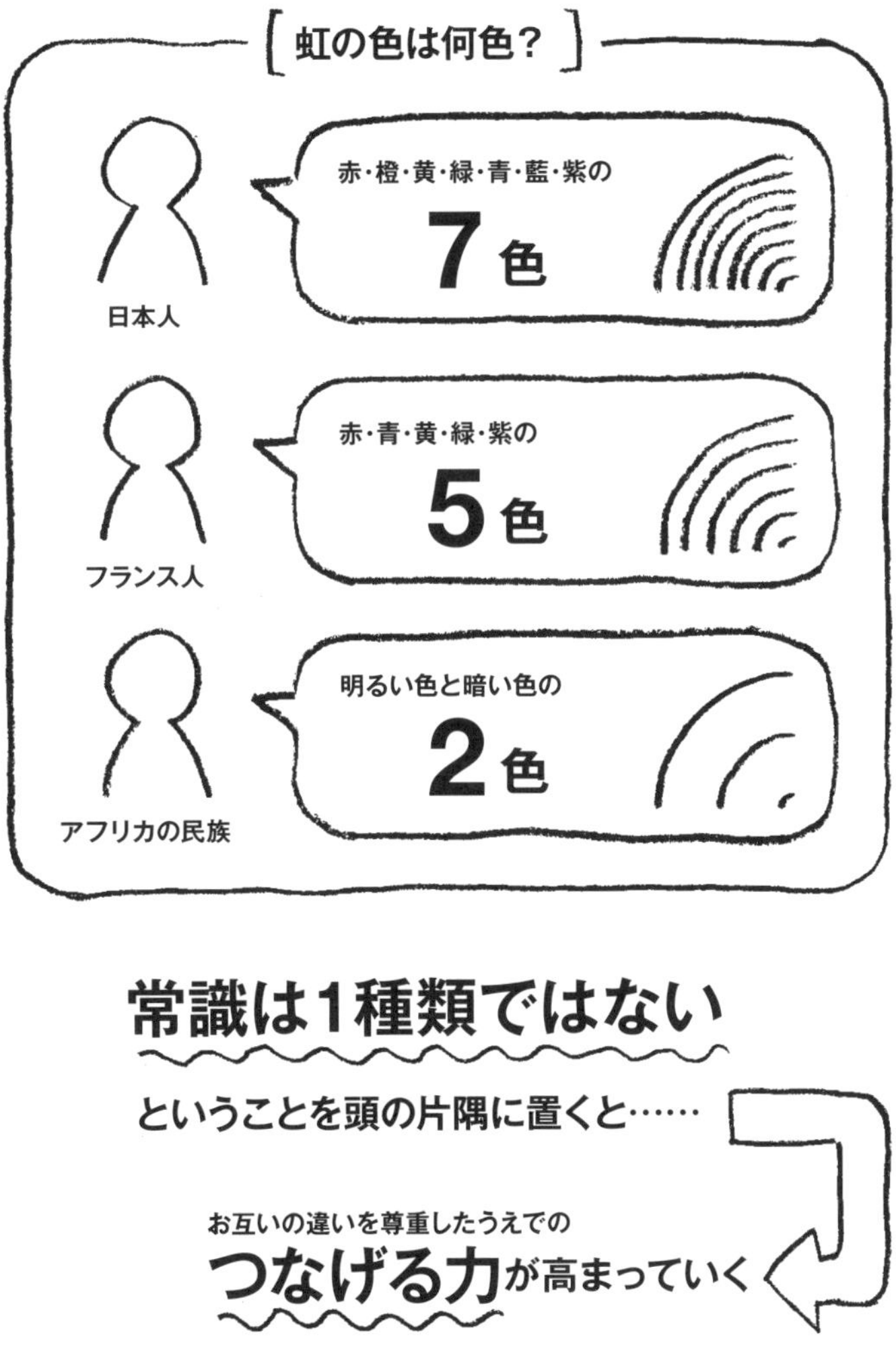
[虹の色は何色?]
日本人
赤・橙・黄・緑・青・藍・紫の
7色
フランス人
赤・青・黄・緑・紫の
5色
アフリカの民族
明るい色と暗い色の
2色
常識は1種類ではない
ということを頭の片隅に置くと……
お互いの違いを尊重したうえでの
つなげる力が高まっていく

LECTURE 1-6

「情報編集力」がビジネスチャンスをつくり出す

「消費税アップ＝悪いこと」この前提を、逆転の発想で覆してみましょう。

前項では、頭を情報編集モードに切り替えていくためのレッスンとして、例題で「遊んで」いただきました。ここで、そのとき用いた「クリティカル・シンキング」と「イマジネーション」の２つのコツを使って、よりビジネスに直結する課題を考えてみましょう。

「消費税が上がると物が売れなくなる」

どの会社でもよく聞く話ですね。街頭インタビューをすれば「家計を圧迫する」とか「国民いじめはいい加減にしてほしい」という声がほとんどです。でも、本当にそうでしょうか？　すべての物が売れなくなるのでしょうか？

では、例題です。

例題

消費税が15％に上がったら、人々の行動はどう変わる?
どんなビジネスチャンスが生まれますか?
30秒で考えてみましょう。

「高齢者の福祉がより充実する」というタイプの、行政視点の発想は除外します。あくまで個人の消費行動にフォーカスしてください。30秒間、正解主義にとらわれずに思考を巡らせてみましょう。

いかがですか?

これもまた「正解」があるわけではありません。ただ、一つの視点として、私が自らの経験にもとづいて考えたことを述べておきましょう。

逆転の発想で「新たなメリット」を発見しましょう。

消費税が上がると何が起きるか。**私は、〝物々交換〟がより活発化するのではないかと考えます。**

1993年から96年にかけて2年半ほど、私はヨーロッパで暮らしました。37歳でロンドンに留学し、その後、パリで新規事業に携わることに。家族で渡欧しましたので、ビジネスパーソンとしても、4歳の子どもがいる生活者としても、イギリスとフランスの成熟社会をじっくり味わいました。

93年の時点で、ロンドンもパリも、消費税が20%近くになっていました。そこで、何が起こっていたか？

それは、個人間の〝物々交換〟が活発なこと。消費税を回避するために、個人間の物々交換が激しく行われていたのです。

たとえばオートバイとオートバイを交換する。大きいものだと、家と家、という場合もあります。長期休暇の間などに、パリに住んでいる人とロンドンに住んでいる人がお互いの家と家を交換して、それぞれの国で休暇を楽しむ。このような個人間取引が、ごく一般的に行われていました。

今では、インターネットを利用して、アメリカにおけるカーシェアリングを中心に専門の仲介サイト、サービス業者も生まれ、一部では社会問題となっているほど。個人間取引は世界的な拡がりを見せていますが、今から20年以上前のヨーロッパではすでに盛んだったのです。

日本では、「ヤフーオークション」が〝物々交換〟の代表格でしょう。個人間の取引には基本的に消費税がかかりませんから（*）、「税金がかからない取引っていいよね？　業者への手数料もいらないし」となるのは自然な流れです。

家の交換となると、日本ではまだ違和感があるかもしれませんが、2020年の東京オリンピックに向けて、民泊の規制緩和も進むようです。そうなれば、日本にも「消費税なしでちょっとしたビジネスができないか？」と発想する人は増えていくでしょう。そして、「物と物、サービスとサービスのスワップ（交換）がメジャーになれば、それを仲立ちするようなネットビジネスという商機があるのでは？」と考える人も。実際、カリフォルニアで生まれた民泊の仲介サービス「Airbnb（エアビーアンドビー）」の日本での利用者が、近年急速に伸びているという事例もあります。

個人と個人の「つながり」がビジネスとなる時代がやってきます。

家と家のスワップは一つの視点ですが、肝心なのは、消費税が上がるという事態を新しいビジネスチャンスとしてとらえる、ということ。

〈消費税率の値上げ＝人がモノを買わなくなる〉と単純にパターン認識で結論を出してしまうのではなく、だからこそ、人がお金を使うであろうサービスを考える。いわば、逆転の発想です。

物々交換の流れはあくまで考え方の例としてお話ししましたが、ここにはもう一つ、大事な目の付けどころがあります。

それは、**これからの時代は、個人と個人がより強く結び付き、つながっていく、ということ。**それも国境を越えて。消費税増税を背景とした物々交換の活発化は、その一端にすぎません。

これからのよのなかは、本格的に「みんな一緒」という感覚から、「それぞれ一人一人」という感覚へ移行していく。**だからこそ、「それぞれ一人一人」をどう結び付けるか、どうつなげるかが、ビジネスにおいても大切になってきます。**

さて、あなたのご意見はいかがでしょう？

＊年間の売上高が1000万円を超えない場合のみ。また、消費税が免税であっても、所得税および住民税の申告・納税義務が発生する場合がある。

情報編集力の時代にビジネスで「成果」をあげるには？

本レクチャーの最後に、これまでお話ししてきたことを実際のビジネスに生かすにはどうすればよいか、私の考えをお伝えしましょう。

言うまでもなく、ビジネスでは、組織の存続と発展のために、各個人が「成果」をあげることが求められます。

かつての成長社会においては、この「成果」とは、「契約目標〇〇件！」というような、現状の延長線上で、もっとも多くの数値目標を達成することでした。情報処理能力がものを言う領域です。しかし、成熟社会になると、そのような情報処理型の単純目標だけではもはや成果とはみなされません。

今、すべての組織で、そして、日本で、あるいは、世界中で求められている目標は、現状とは不連続な「イノベーション」です。

これは何も、歴史や産業を一変させるイノベーションを指すだけではありません。たとえば、大量の契約をとるのではなく、新しい契約の方法を生み出すとか、たくさんの帳簿を整理するのではなく、新たな経理システムを生み出すなど。イノベーションは、個々人が、今、やっている仕事のなかで不断に起こしていけます。それこそが求められているのです。

数ではなく質を追求する仕事、と言ってもいいでしょう。

この「イノベーション」を起こすのに必要なのが、「情報編集力」なのです。

私たちは、情報編集力を身につけ、今やっている仕事で何かしらの〝イノベーション〟を起こすことで、100人に1人の存在になれるのです。

図9
逆転の発想で考える

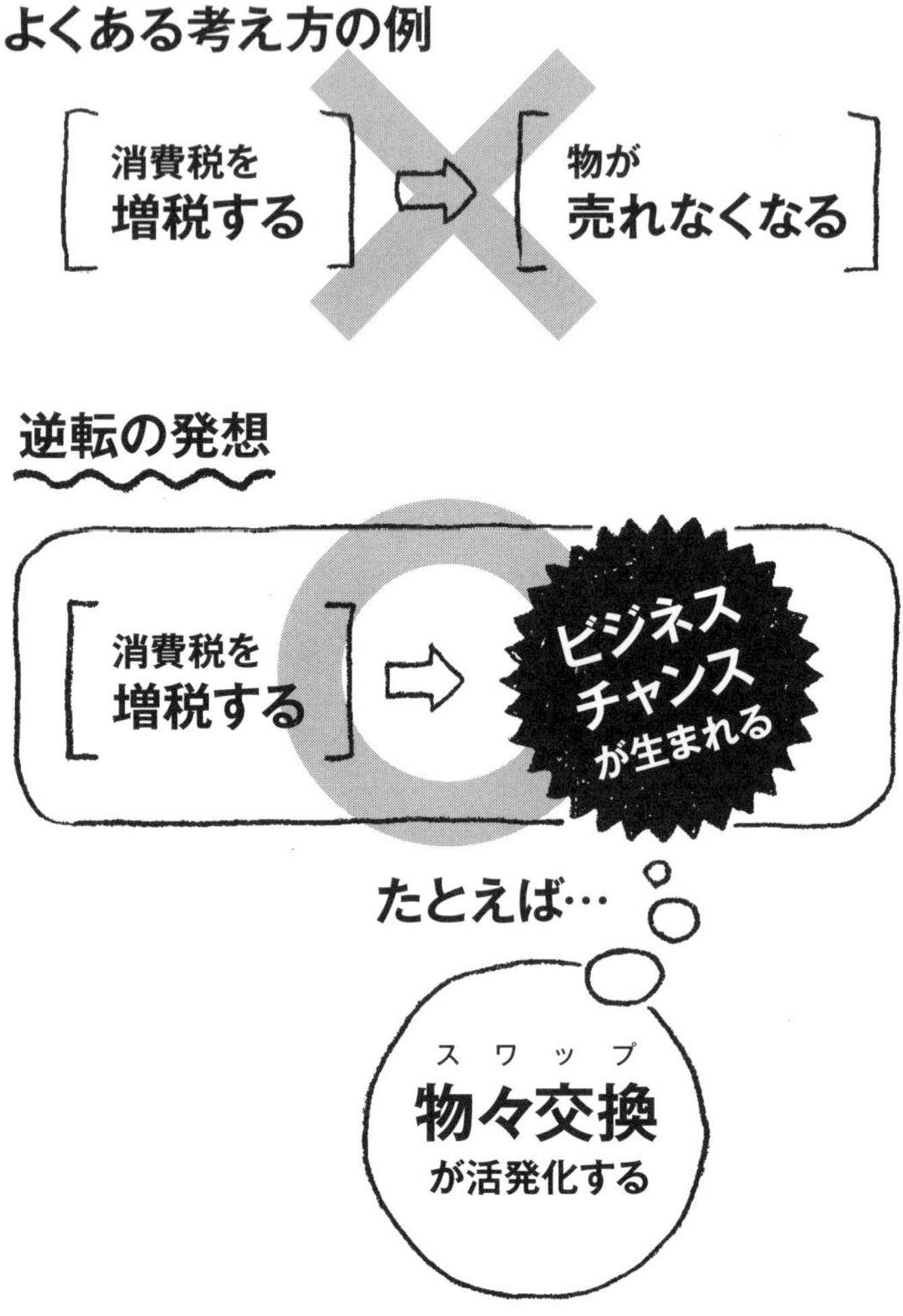

LECTURE 2

納得解を紡ぎ出す 情報編集力の鍛え方

正解のない時代に必要な「力」とは、
〝情報編集力〟でした。
では、その「力」を鍛えるために、
何ができるでしょうか。

ここでご紹介する4つのトレーニングを通じて、成熟社会を生き抜く基礎力を養ってください。

LECTURE 2-1

納得解を紡ぎ出す情報編集力トレーニング①

ブレインストーミングで「修正主義脳」を鍛える

本レクチャーではいよいよ、「情報編集力」の鍛え方についてお話ししていきます。繰り返しになりますが、編集情報力によって求めるのは、「正解」ではなく「納得解」です。自分自身と、関係する他者のすべてが納得する「納得解」です。その「解」がイノベーションを生みます。

「ブレインストーミング」で、修正主義に移行しましょう。

情報編集力を鍛える場として、最初にお話ししたいのは、ブレインストーミングです。「納得解」を紡ぎ出すには、最初から完全な解を出そうとするのではなく、まずは頭に浮かんだことを口に出したり、動き始めてみたりすること。そうして、周囲の反応を見ながらどんどん修正していくことが大切です。試行錯誤の達人になること。この点、ブレインストーミングは、会議のように侃々諤々《かんかんがくがく》と議論するというよりは、参加した人みんながどんどんアイディアを出し合い、忌憚《きたん》なく話し合うことが重視されますから、その恰好の場となるはずです。

ただ、イノベーションを生む「納得解」をブレインストーミングで得るには、それなりのコツがあります。だらだら漫然と行われるような「ブレスト」ではなく、次に述べるような基本をおさえた「ブレスト」によって初めて、情報処理力に偏った頭を情報編集力へと切り替え、イノベーションを生む場をつくり出すことができるのです。

たとえば「新しいキャンペーンの販売企画についてブレストしましょう！」といきなり部長に提案しても、まずうまくいきません。ブレストと言って始めたけれど、結局通常の会議となんら変わりがなかった……という経験は、おそらく誰にでもあると思います。


では、情報編集力を鍛え、納得解を導くブレストの基本とは？

それについてお話しする前に、まずは実践です。社内にいる誰かを誘って、コーヒーでも飲みながら雑談するかのように、ブレストしてみましょう。3〜5人くらいがちょうどいい人数です。テーマも仕事に直結していないほうがよいでしょう。

たとえば、こんなお題を考えてみてください。

例題

「よのなかにないコップ」には、どんなものがあるでしょう？

今回、正解は述べません。正解がないのがブレストですから。

テーマは、〈LECTURE 1〉で挙げたような例題でもかまいません。何でもいいのです。大事なのは、そこに付加価値を生むコミュニケーションが生まれているかどうかなんです。

付加価値を生むブレストの秘訣は「ナナメの関係」にある!

いかがでしたでしょうか。

それでは、納得解を導くブレストの基本をお話ししましょう。

そこには、次のような条件と、そのうえで守っていただきたい「大切な2つの約束」があります。


まず、条件です。

それは、**同じ部署の人や気の合う同期ではなく、「ナナメの関係」の人を巻き込むこと。**

縦の関係でも横の関係でもない、適度な緊張感のある関係性の人をメンバーにするのです。

上下でも同期や友人でもない（利害関係のない第三者との）関係を「ナナメの関係」といいます。「縦割り組織」というように、組織はよく上下の関係にたとえられます。そして同期生や同僚など「横の関係を意識することが大事だ」とも盛んに言われます。組織を家の構造になぞらえると、縦の関係が「柱」で横の関係が「梁《はり》」ですよね。しかし、組織風土で一番大切なのは柱でも梁でもなく、それらをナナメに支える「筋交《すじか》い」なのです。

「筋交いの関係（ナナメの関係）」こそ、人間関係を豊かにし、組織を強くします。

よく、「リクルートはすごい。30年も前から『RING』という部署にとらわれないイノベーショングループがあって、そこからいろんなアイディアが生まれた」と言われますが、その秘密は、この「ナナメの関係」づくりにあったと思います。

リクルートでは、お互いを、職位ではなく、「さん」付けで呼んでいます。課長、部長、あるいは社長でさえも、「さん」付けで呼ぶ。たったそれだけで、組織のコミュニケーションレベルが上がることに気づいている人はどれほどいるでしょうか。

縦の関係では、結局は上司が部下に命令することになります。規律に守られた関係からイノベーションは生まれません。

いっぽう横の関係では、気安さから馴れ合いになりがちです。仕事の話のはずが、上司や組織の悪口だけで終わることも多いもの。また、部署同士で単に数字上のライバル関係になるケースも考えられます。つまり、横の関係は大切なものですが、お互いの意識と能力が高くないと、なかなかイノベーションを起こすに至らないのです。

その点、「他部署の上司」や「他部署の先輩」というナナメの関係だと、一見利害関係が薄いから〝前向きなコラボの話〟で協力しやすい。お互いにものを言いやすいし、適度な緊張感も保たれるのです。

ブレストを成功に導く「大切な2つの約束」とは?

「ナナメの関係」のメンバーを集めたら、次に挙げる「ブレストの2つの約束」を守ってください。

①絶対に他の人から出た案をつぶさない。
②最初はとにかくバカな案を出す。

①の「絶対に他の人から出た案をつぶさない」については、すでに心得ている人も多いでしょう。たいていの知識・技術・経験のかけらというものは、頭の底のほうに沈んでいるものです。それをかきまぜて、浮き上がってきたものを人と共有し、組み合わせ、いいアイディアを生み出す。この化学反応を楽しむことこそが、ブレストの真骨頂です。

このとき頭の中から浮かび上がってきたものを誰かに手厳しくけなされたら、たちまちかきまぜ作業は終了します。せっかく浮かびかけていた知恵やアイディアは再び脳の奥底へと沈んでしまうでしょう。**何でもいいから、人が出してきたアイディアをほめてください。**その人から出てきたものをすべて受け入れる姿勢がなければ、相手がアイディアを出す勢いにブレーキをかけてしまうと憶えておきましょう。

②の「最初はとにかくバカな案を出す」は、みんなの意見を出しやすくします。とんでもないもの、絶対実現できないもの、将来的にも不可能な案でいいのです。〈LECTURE 1〉で述べたとおり、「食べられるタイヤ」だってかまいません。

あなたがバカになることで、みんなが正解主義から抜け出すことができるのです。

念のため書き添えれば、ブレストに、セクショナリズムや上下関係を持ち込んではいけません。誰が相手でも、どんなに気に入らない人でも、その人から出るアイディアは全部受け入れ、ほめる。アイディアと人格を切り離して考えることもブレスト成功のコツです。

リクルートのイノベーショングループ「RING」からは、『とらばーゆ』『じゃらん』『ゼクシィ』『ホットペッパー』が生まれました。最近では『受験サプリ』もヒット商品ですが、これを提案した中心人物は転職したてのヒラ社員。彼は今、執行役員から事業を統括する部門の社長になっています。

これらのイノベーションは、会議室からではなく、飲み屋やエレベーターホールだったり、トイレの〝連れション〟から生まれたりするものです。

雑談を最上級のブレストにする。ナナメのブレストからヒットを生み出す。コミュニケーションレベルを上げることは、誰にでもできる組織改革です。

図10
付加価値を生むブレストの条件

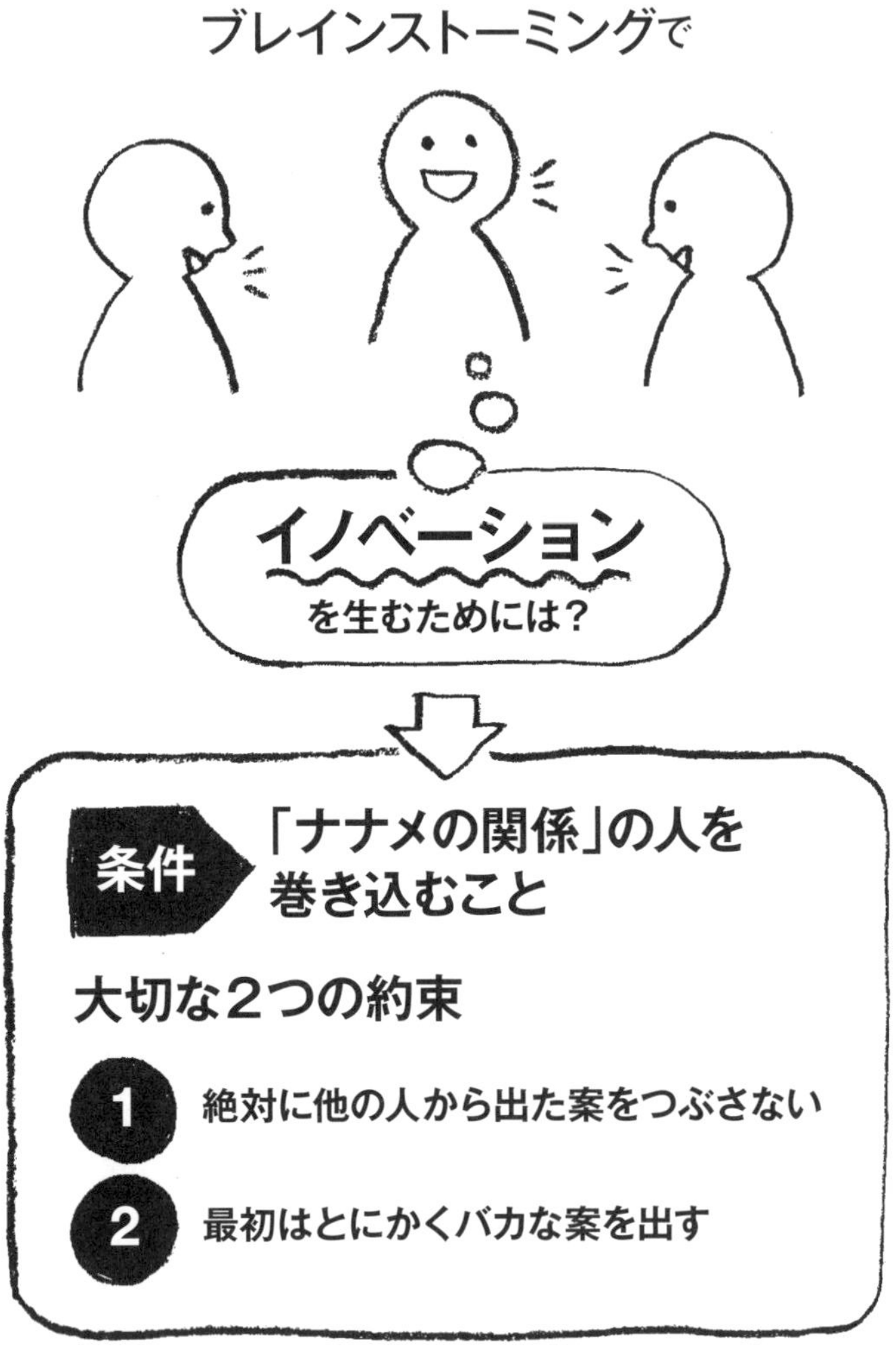

LECTURE 2-2

納得解を紡ぎ出す情報編集力トレーニング②

面接で「ロールプレイング脳」を鍛える

「情報編集力」のある人かどうか。見極めたいなら、話をしてみることです。

情報編集力を鍛える場として、次にご紹介するのは、ちょっと意外なものかもしれません。

それは、採用の際に行う面接試験です。

新卒採用試験は、採用する側にとってみれば、初めて会う受験者が優秀な人材であるかどうか、非常に短時間で見極めなければならない場です。では、優秀な人材とはどういう人かといえば、「情報処理力と情報編集力を兼ね備えている人」でしょう。つまり頭の回転が速くて、頭が柔らかい人です。

このうち、情報処理力の高さはテストや学歴である程度は分かりますが、情報編集力を見極めるには、やはり面接が必要です。話してみないと分からないのです。

話すといっても、もちろんただの雑談ではダメです。情報編集力の高い人材を見極めるために有効なのは、「正解のない問いを投げかけること」です。

最初から正しい答えが決まっている問いだと、情報処理力の高い人が我先に答えようとすることでしょう。見るべきは、**「正解がない問いに対しても、対処能力があるかどうか」**です。それによって、情報編集力のレベルが分かります。

というわけで、採用面接は、受験者の「情報編集力」を見る場であると同時に、面接官のそれが鍛えられる場にもなるのです。

では、採用する側は、どのような「正解がない問い」を発すればいいのでしょうか？

次に挙げるのは、実際の採用試験で使われたものなので、新卒の就活生か転職活動中の応募者にでもなったつもりで、考えてみてください。

例題①

あなたがバス会社の経営者だったら、東京でどんなツアーを企画しますか？

ある架空の状況を想定したうえで、お題を与えて、それについて架空の状況の中で考えさせるもの。つまり、ロールプレイングの力を問うものです。

この例題の場合、ツアーを行う場所はどこでもいいし、実施する時間を昼と夜で分けて考えてみてもいいでしょう。どういう企画をプロデュースしてお客さんを呼び込むかに、その人の情報編集力があらわれます。

グループワークとして取り組むとより効果的です。その際、最初に2、3分間、グループのメンバーが各自のアイディアをメモする時間をとってから議論に入るようにしてもいいでしょう。そうすると、議論の中でリーダーシップを取る人、司会に徹する人、とにかくアイディアを出す人といった役割分担も見えてきます。

「どんなツアーならお客さんが集まるか、その企画にいくらなら払ってもらえるのか」

このようにバス会社の社長になりきってイメージを膨らませることで、自分とまわりの人の〝ロールプレイング脳〟を活性化させることができます。

では、次の例題に行きます。

例題②

あなたがフリーマーケットに出品するなら、どんな店づくりをしますか?

これは自分自身が持っている物、集めている物をどのように組み合わせれば価値のある店になるかを問う問題。まさに情報「編集」力の応用例です。こういった問題は最初の例題よりも自由度が高い分、より強く情報編集力が求められるでしょう。

情報編集力を使って
お金とアイディアを組み合わせてみましょう。

優れた起業家や経営者は、情報編集力を用いて新たなアイディアを生み出し、さらに情報処理力側でシステム化しながらそれを数字につなげていきます。次に挙げるような例題なら、情報編集力と情報処理力の両方を問うことができるでしょう。

例題③

あなたは100円ショップの隣のメガネ専門店の店長です。
100円ショップは大繁盛なのに、あなたの店はいまひとつ。
さあ、どんなサービスで、集客アップをしますか?
15秒で考えてください。

100円ショップとメガネ店では商品単価が大きく違い、来店の目的も違います。さあ、どんなサービスができるでしょうか?

これは『不変のマーケティング』(神田昌典著/フォレスト出版)に紹介されていたケース。

著者である神田昌典さんの案は、キャッシュバックでした。

「メガネ店で商品を5000円以上買ったら、10%を現金で還元する」というもの。

5000円買えば500円戻ってきますから、その500円で100円ショップに寄れば、5つのモノが買えます。すると、お客さんの中には、「メガネを買う」というニーズが出てきたとき、「あの店で買えば、帰りにいつもの100円ショップで買い物ができるな」というマインドセットができあがるのです。

こんなお客さんが増えれば、「メガネの度が合わなくなったら、隣の店で買えば500円分の100円ショップの買い物がタダになる」という口コミも生まれるでしょう。

アイディアとお金をつなげてロールプレイング脳を鍛える例題は、ほかにもいろいろ考えられます。自社で実際にあるケースで考えてもいいでしょう。

普段からそのような問いを自分に投げかけ、答えを考えるトレーニングを積むことで、ビジネスでイノベーションを起こす情報編集力が磨かれていきます。

ただし、実際に採用面接で応募者の情報編集力を見極めたい場合は、「東京オリンピックの施工を請け負うための入札で……」というような大きな話より、バス会社、フリーマーケット、メガネ店というように、できるだけ消費財に近いテーマを選ぶほうが、イメージしやすいと思います。

LECTURE 2-3

納得解を紡ぎ出す情報編集力トレーニング③

「シミュレーション脳」を鍛える

「風が吹くと桶屋が儲かる」を論理的に説明すると……。

シミュレーションができる人は情報編集力が高い人です。これはニワトリと卵のような関係で、情報編集力を高めたければ、日頃から「シミュレーション脳」を鍛えておくに限ります。

「風が吹けば桶屋が儲かる」とは、古くから知られたシミュレーションでもあります。今の小学生・中学生は、もう知らない諺《ことわざ》ですが、40代以上なら、結構知っている人も多いと思います。

さて、あなたはこの論理の流れを、最初から最後まで説明できるでしょうか?

江戸時代からある諺のようなのでやや突飛なところもありますが、ここでおさらいしておきましょう。

風が吹くと砂が舞い上がる。砂が舞い上がると目の病気の人が多くなります。今なら眼科に行けばすぐに治ると思いますが、江戸時代ですから失明する人もいます。

当時、失明した人の選ぶ職業に、三味線弾きというのがありました。

三味線弾きが増えれば三味線が多くつくられます。三味線の材料として、昔はよく猫の皮が用いられていました。たくさんの猫皮が三味線用に使われるとなると、猫が減ります。そうすると、天敵がいませんから、ネズミが増える。

ネズミが増えれば桶がかじられてしまうために、修理をしたり、新しい桶が必要になるというわけです。結果として注文が殺到した桶屋が儲かる。こんな話です。

「シミュレーション脳」を鍛えるとマーケティング力も高まります。

この諺が意味するところは、ある事象が起こり、その影響の連鎖が何段階か経ると、思わぬところに別の影響が出る結果となる、ということ。こういった発想の展開を積み重ねると、シミュレーション脳が鍛えられてきます。

では、例題を挙げます。これも採用面接やブレストに使えるでしょう。

例題
今のよのなかで、風が吹くと儲かる業界はどこでしょう? 風が吹いたことで、どんな商売、商品、サービスが生まれるでしょう?

正解は例のごとくありませんが、私の仮説は次のようなものです。

「風が吹いて海に波が立つと、サーファーが増えてサーフショップが儲かる。でも、サーフショップの店番は暇そうだから、iPodみたいな『音楽を聞きながら仕事ができる新しいデバイス』が流行る」

いかがでしょう？　みなさんもそれぞれ、考えてみてください。

図11
シミュレーション脳を鍛える

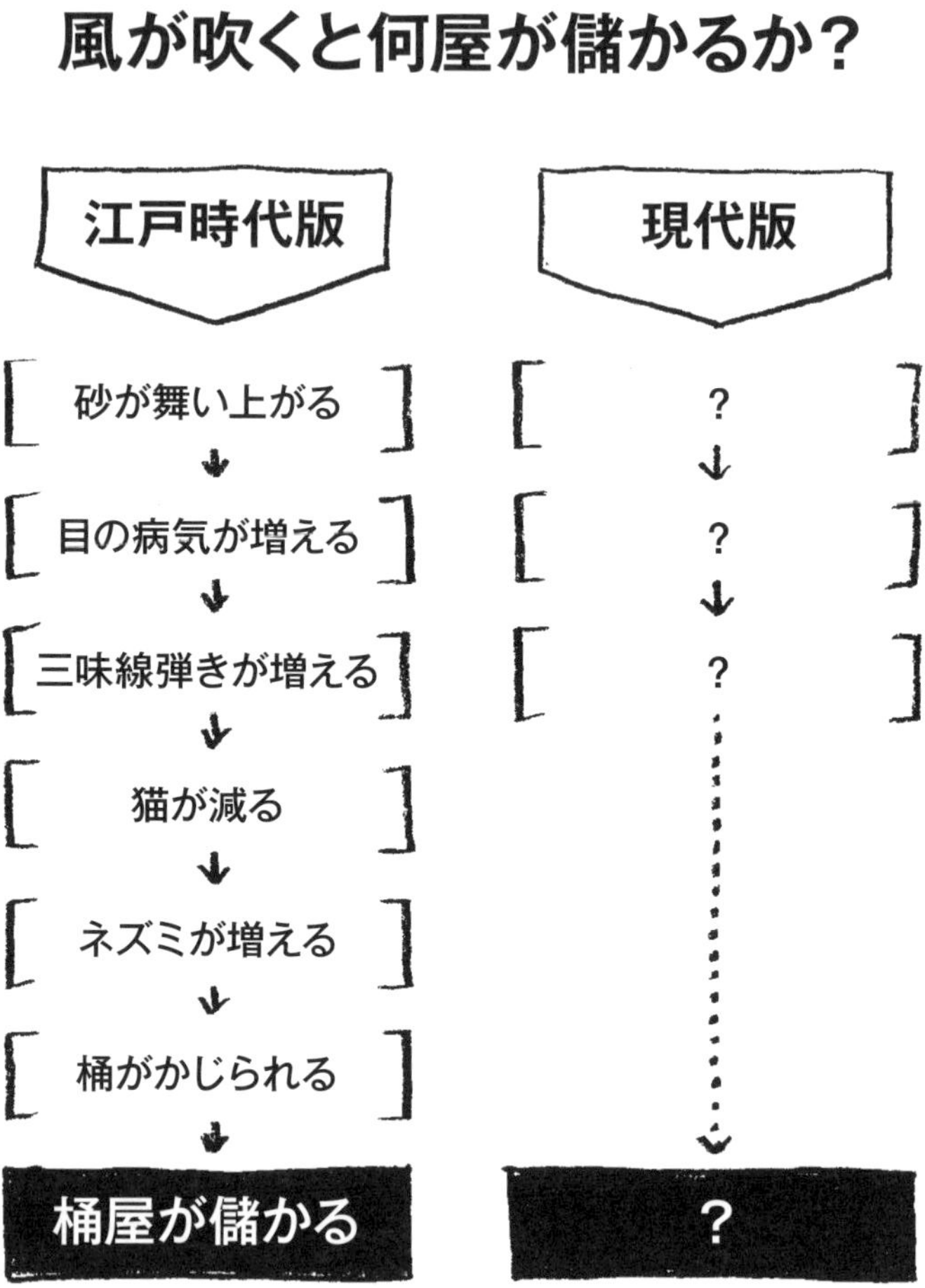

LECTURE 2-4

納得解を紡ぎ出す情報編集力トレーニング④

「今のよのなかにないもの」を発想する

「水は買うもの」になったのは、付加価値を追求した結果です。

採用面接の問題としても使えるし、社内の雑談ブレストのテーマにすればコミュニケーションがとれるうえに、お互いの情報編集力が上がっていく……。あなたの思考をアップデートし、イノベーションを生むためのいいことずくめのトレーニングを、さらに紹介しておきます。

この項では、ある種の遊び心を持って常識・前例を疑ってみましょう。そのための課題が、「○○に付加価値をつけなさい」という設問です。

たとえば「タイヤに付加価値をつけなさい」と問われれば、黒くて丸いタイヤ以外のものを考えなければなりません。こういった思考訓練が、情報編集力を磨いてくれます。

では、例題です。

例題①

「コップに付加価値をつけなさい」と言われたら?
15秒間で考えてみてください。

病院などで用いられる「吸い口」は、起き上がれない患者のために飲み口が横に付いています。これは、「コップは上が開いていなければ飲めない」という前例にとらわれていたら生まれなかったアイテムと言えましょう。**すでにあった商品の常識・前例を否定するところから新たな付加価値を付け加え、普通のコップよりも高くて売れるものを生み出したのです。**多くの商品は、こうしたプロセスを経て誕生しています。

「水」にしても同じで、その昔、ペットボトル入りの水が日本で売れるなどと、誰が想像できたでしょうか。

90年代初めに私がパリで過ごしていた頃、フランス人の友人が「エビアンを日本に輸出したらどうかな?」と聞いてきたことがあります。私は「そんなの無理だよ、日本人はペットボトルから水なんか飲まないから、エビアンを輸出したって売れないよ」と断言しました。見事に予測が外れていたわけです。私のような昭和の日本人には、「水は蛇口をひねれば出てくる」というのが常識でした。

日本で初めてのミネラルウォーターを富士ミネラルウォーター社が発売したのは1929年。しかしわざわざ水を買って飲むという習慣はなかなか日本人に根付きませんでした。その半世紀後、82年に同社が再びペットボトル入りの「FUJI」を発売し、83年にハウス食品が「六甲のおいしい水」を発売するなど商品開発が続くようになってようやく、80年代から90年代にかけて、水は買うものになっていったのです。
水は買わずとも飲める、という日本人の常識を覆し、新たな付加価値を追求した飲料メーカーの努力の結果と言えるでしょう。

「かき氷に付加価値をつける」と、あの大ヒット商品が誕生します。

もう一つ興味深い例題を挙げましょう。

例題②

「かき氷を片手で食べられるようにしなさい」と言われたら?
15秒間で考えてみてください。

いかがでしょう? アイディアの一例として紹介したいのは、赤城《あかぎ》乳業《にゅうぎょう》という会社が開発したある商品です。器とスプーンが必要なかき氷に対して、「歩きながら食べられる」という付加価値を生み出しました。スマホを操作しながら、片手で持って食べられる。つまり、かき氷に棒を刺し、まわりを固いアイスで覆うことでこぼれないようにした。それが2013年には年間4億〝本〟売れた「ガリガリ君」という人気商品です。最近は「コーンポタージュ」「シチュー」「ナポリタン」などの味のバリエーションが新しく発売されるたび、ニュースになるほどの人気を博しています。

赤城乳業と同じく埼玉県にあるコミーという会社は、付加価値にこだわった「鏡」を世界に向けて販売しています。銀行のATMで、後ろに不審者などがいないかどうか確認するための鏡を見たことがあるでしょう。もしくは飛行機内で、座席上部にある荷物棚を開けたときにも、鏡があります。位置が高くて「死角」になりがちな場所に忘れ物がないかどうか、これで確認できるのです。コミーは、このワイドミラーを「広範囲が映る機能は保ちながら、平らで薄く軽いものにする」ことで付加価値をつけ、売り上げを伸ばしています。

このように、「○○に付加価値をつけなさい」という設問は、無数に考えられますし、そこからイノベーションもビジネスチャンスも生まれます。身近な生活上の消費財を題材に、それにどのような付加価値をつけられるかを考え、自分の情報編集力をアップグレードすべく、トレーニングしていきましょう。

図12
付加価値の問いを考える

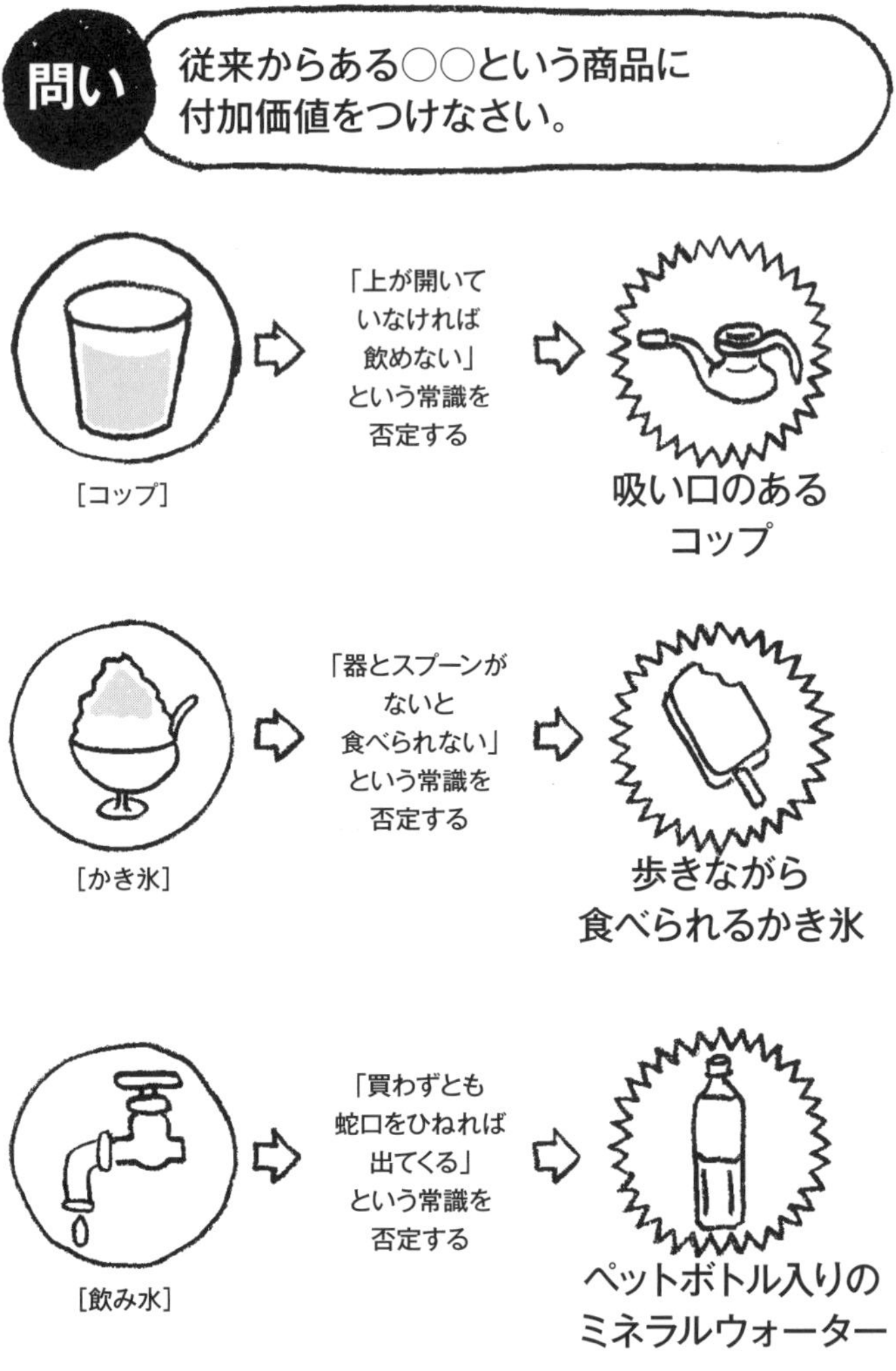
問い
従来からある○○という商品に
付加価値をつけなさい。
[コップ]
「上が開いて
いなければ
飲めない」
という常識を
否定する
吸い口のある
コップ
[かき氷]
「器とスプーンが
ないと
食べられない」
という常識を
否定する
歩きながら
食べられるかき氷
[飲み水]
「買わずとも
蛇口をひねれば
出てくる」
という常識を
否定する
ペットボトル入りの
ミネラルウォーター

LECTURE | 3

「納得解」を共有するための伝える技術

トレーニングによって鍛えた「力」を使えば、
イノベーションの種となる
〝解〟を導き出すことができます。

「よし、それができれば、怖いものなしだ！」

——いいえ、そんなことはありません。

〝解〟を、他者と共有できなければ、
意味がないからです。

情報と情報をつなげるだけでなく、
人と人をもつなげる〝コミュニケーション〟の技術を磨き、
「つなげる力」としての情報編集力を
さらに鍛えていきましょう。

LECTURE 3-1

コミュニケーションとは「伝達」することではなく、「共有」することである

「Communication」とは「共有」すること。

〈LECTURE 1〉でお話ししたように、「正解」のない時代には、情報編集力によって、自分も関係する他者も納得する「納得解」を共有していくことが求められます。

このため〈LECTURE 2〉では、まず、自分が納得する解を見つけるために、いかに情報を「編集」していくか、そのための頭のトレーニング法をいくつか挙げてみました。

〈LECTURE 3〉では、それを関係する他者にいかに伝え、共有していくか、そのコミュニケーション技術を、プレゼンテーション法を中心に解説しましょう。

どんなにいい「解」を思いついたとしても、たった一人でイノベーションを起こすことは不可能です。必要な人材を巻き込み、「解」を共有していくことで初めて、組織的にイノベーションを起こしていくことができます。もちろん、その過程で、より適切な解が見つかったり、齟齬《そご》や課題が発生した場合は、「修正主義」で何度でも直して、より適切な「解」を導いていくこともできます。

具体的な技術をお伝えする前に、そもそもコミュニケーションとは何か、その基本を確認しておきましょう。

例題

コミュニケーション（Communication）の語源はラテン語の「Commus（コミュナス）」です。
では、「Commu（コミュ）」とつく英語を、できるだけ多く挙げてください。
私たちが普通に使っているものが多いので、15秒で考えましょう。

いかがですか？

「コミュニティ（地域社会）」はすぐ浮かぶのではないでしょうか。「コミューン（生活共同体）」「コモン（公共の）」「コモンセンス（常識）」「コミュニズム（共産主義）」……。

コミュニケーションというと、一般的には「伝達すること」ととらえられているかもしれませんが、これらの語を眺めていると、**「コミュ」が接頭語に付く言葉はすべて、「共有する」という意味が含まれていることが分かります。**

つまり、「コミュニケーション」もまた、自分の脳に入っていることをただ相手の脳に伝達するのではなく、お互いの脳であるイメージを「共有する」ということを意味する言葉だったのです。

①相手と自分の間に「共有点」を見つける。
②「共有点」をアイディアとして実現していく。

このことを知っていると、相手に行動を起こさせたいときのコミュニケーションとはどういうものか、理解が早まることでしょう。

プレゼンテーション(Presentation)の本当の意味もしっかりとおさえておきましょう。

ただの「伝達」と「共有」の違い、それは、通常の「自己紹介」と「自分プレゼン」の違いを例に考えると、分かりやすいかもしれません。

私たちは普段、年齢や職業、経歴といった客観的事実、「元気がいい」「緻密である」「人づきあいがよいい」といった主観的な自分像、あるいは「あなたは話がうまいよね」と人から言われた情報などを総合した「私」というイメージを持っていて、「自己紹介」の場では、それをできるだけ正確に伝えようとします。「自己紹介」というのは、自分の「説明」なんですね。

これが、「自分プレゼン」となると、変わってきます。その目的が、会社に採用してもらうことであれ、プロポーズであれ、なんらかの行動を相手に求めるものだからです。相手に自分が欲する行動を起こしてもらうには、自分の中にある自分像をただ相手に伝えるだけではなく、その像を相手にも「共有」してもらい、「共感」し、行動してもらわないと目的を達成したことにならないのです。

だから、イノベーションを起こすために必要なのは「プレゼン」です。共有するためのコミュニケーション、つまり、**相手の頭の中にどのような像を結ばせるかを考慮したうえで、自分の解について話し、イメージを共有していく行為です。**

プレゼンテーション（Presentation）は「相手の頭の中」に関すること。
自己紹介および説明（Explanation）は「自分の頭の中」に関すること。

このように、プレゼンテーションを「相手の頭の中に像を結ばせる」行為として考え始めると、その結果は全く別次元のものになります。

身近な例を挙げておきます。電車のドアが閉まるとき、職員が「危ないですから、駆け込み乗車はおやめください」といったアナウンスをすることがあります。

この表現は、「駆け込み乗車＝事故につながって危ない＝やめてほしい」という職員側の〝事情〟の「説明」です。聞いた乗客は、「ちょっとくらい駆け込んでも別に危なくないよ、こっちは急いでいるんだ！」と思うかもしれません。

これを乗客に通じるプレゼンにするには、どういう表現が考えられるでしょう？

たとえば、「もう次の電車が来ております」というアナウンスにすれば、「次の電車にすぐに乗れる＝間に合う」という〝像〟を相手の頭の中に結ばせ、「じゃあ、慌てる必要はない」と思わせることが可能です。職員側の「駆け込み乗車をやめさせる」というニーズにも合致します。

では、次の項から、より具体的に、効果的なプレゼンテーションの方法についてご紹介していきましょう。

図13
「共有」して初めてイノベーションが起こる

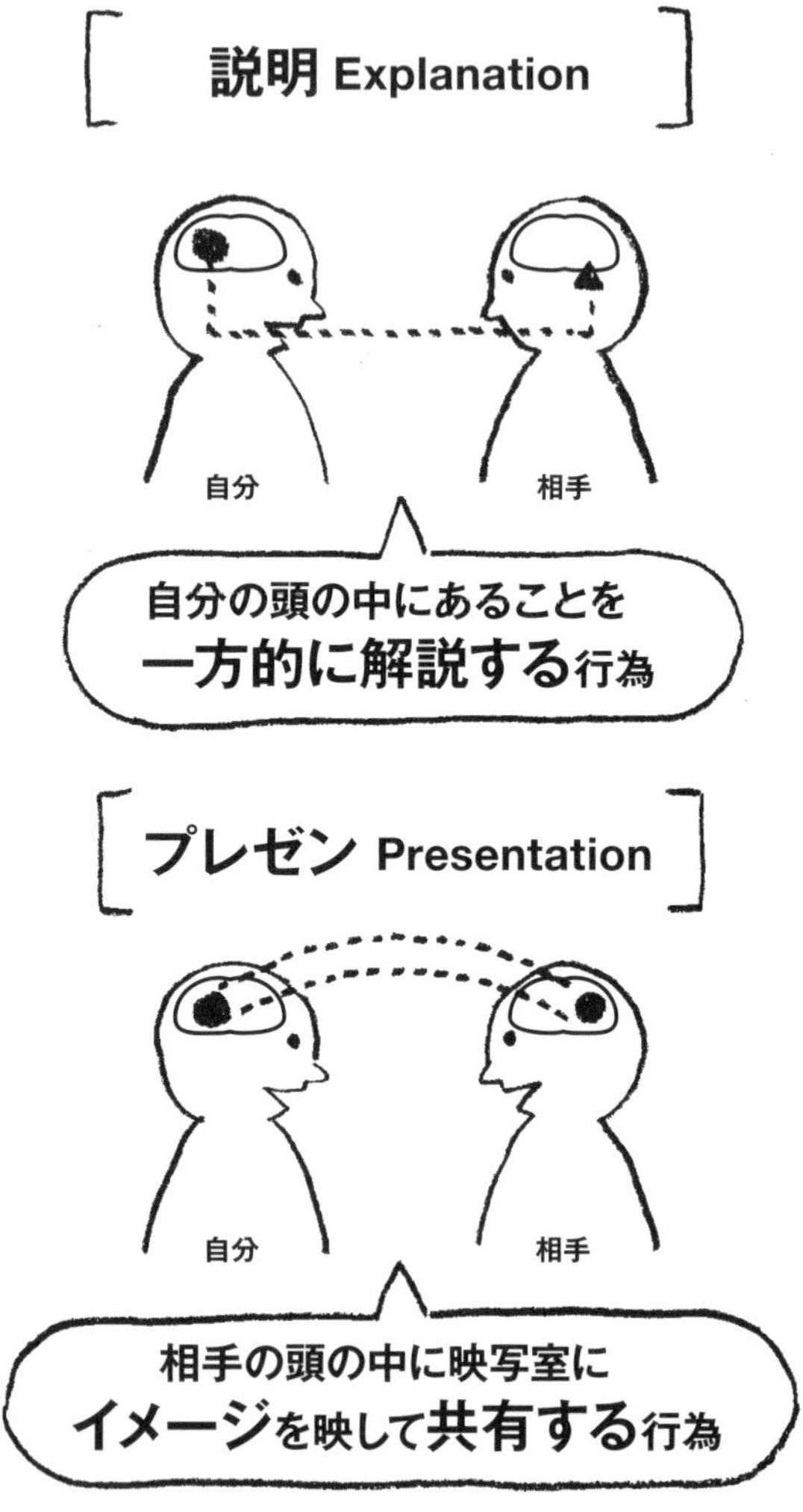

LECTURE 3-2

初対面の15秒で相手を〝つかむ〟には？

あなたにキャッチフレーズはありますか?

前項で挙げた、相手の頭の中に〝像〟を結ぶ自分プレゼン。これは出会った瞬間から始まります。まずはシンキングタイム。私はここ8年ほどで講演をおよそ1000回行い、20万人を動員していますが、ビジネス系の講演会では必ず実施している例題があります。

> 例題①
>
> **初対面の人と名刺交換する瞬間、自分のキャッチフレーズを言うとしたら? 15秒で考えてください。**

初対面で、いきなり名刺を渡すのではなく、キャッチフレーズなどを効果的に使用することによって、自分のキャラクターを少しでも切り出し、相手と共有する。これは相手との心の距離をすっと縮め、接点をつくる技術です。「つかみを取る」とも言われます。

私の場合は、顔を利用したキャッチフレーズ。

「こんにちは、教育界のさだまさしです」

こう言うと、大概の方が笑ってくれます。「さだまさし」という著名人のおかげで、相手の脳と自分の脳が瞬時につながるので、すぐに仕事の話に入りやすくなるのです。

ただしこれは私固有の〝資産〟で、誰にでも真似できるものではありません。しかも、「こんにちは、教育界のさだまさしです」というキャッチフレーズは、相手がさだまさしさんを知っている、という前提で使わなければ意味がない。

自分プレゼンとは、相手の頭の中に〝像〟を結ぶことなので、キャッチフレーズを使用する場合は、その言葉から連想される〝像〟を共有している相手かどうかを見極めることが重要です。

名前にひとこと添えて相手を〝つかむ〟。
そんなストーリーを用意しましょう。

より汎用性があるのは、名前に、ストーリーを加えることです。

たとえば「〇〇県△△市に多い名前です」とか「種子島に鉄砲を持ち込んだ最初の一人に何か縁が

あったらしい」など、自分で物語を演出してみましょう。報道機関ではないのですから、それほど史実に正確ではなくても大丈夫です。

平凡な名前でも、ストーリーは用意できます。たとえば、とある官庁に「喜平」という名前の偉い方がいるのですが、名刺を出すと相手が畏縮してしまい、コミュニケーションがうまくとれないことがあるそうです。そこで彼は、こんなストーリーを用意しています。

「喜平という名前は時代劇なんかによく出てくるんですけどね。見ていると、大体最初に出て、橋のたもとあたりでお侍さんに斬られる村人の役なんですよ（笑）」

お堅くて偉い人と、斬られ役の名もなき村人。このギャップが印象的で、映像が浮かび、とても面白い「つかみ」になります。その後に仕事の話を始めると、すでに脳と脳がつながって（リンクして）コミュニケーションレベルが上がっているので、うまくいくというわけです。

では、みなさんも考えてみましょう。例題です。

例題②

初対面の人と名刺交換する瞬間、自分の名前にストーリーを添えるとしたら？15秒で考えてください。

イマジネーションを駆使して、工夫してみてください。

この15秒というのが、初対面のときには決定的に重要になります。人間には動物的な感覚が根深く残っているので、初対面の相手が敵なのか味方なのか、実は最初の15秒くらいで見分けているからです。とはいえ、私たちは服を着ていますし、人間的な社会性も身につけていますから、どう判断したかは口にも顔にもなかなか出さないもの。「あっ、つまらなそうな人。もう二度と会わないな」と判断しているのに、何十分もうなずきながら話を聞き続けるやさしい人もいます。

そんなことにならないために、肝心なのは最初の15秒。この15秒で相手と自分の脳をつなげておくのです。

図14
相手と自分の脳をつなげる自分プレゼン

自分プレゼン 2つのコツ

① 自分のキャッチフレーズを使用する

ex)「教育界のさだまさしです」

② 自分の名前にストーリーを添える

ex)「時代劇の斬られ役で…」

LECTURE 3-3

「プラスモード」で人とつながる

「伝説のリクルーター」がやっていた、採用面接で人を見抜く方法があります。

「自分プレゼン」をより強化するためのアイディアを、さらにご紹介しましょう。

かつてリクルートに、「伝説のリクルーター」と呼ばれた人物がいました。彼の判断はオーナー経営者の判断すら覆すほどの信用を得ていたのですが、彼は採用面接でそれほど風変わりなことをしていたわけではありません。

彼の秘密は、何度か続けて面接する。ただそれだけでした。

たとえば、最初の面接で「大学時代は何をしていましたか?」と尋ねれば、立派な活動の数々が語られるでしょう。体育会、サークル、ゼミ、ボランティアやＮＧＯへの参加、サマーインターンシップ、留学などなど、キラキラした話が続くはずです。

なぜなら近い過去については、人はいくらでも話をつくり上げることができます。伝説のリクルーターも、まずは相手の〝プラスモードの話〟を延々と聞くことから始めるのです。

そして翌週。もう一度来てもらって、今度は高校のときの話を聞く。その翌週も来てもらい、今度は中学のこと。その次の週は小学校のことというように、連続して相手の話を聞き続けます。
人は遠い過去のことについて、あまり嘘をつけません。模範解答があるわけではないので、参考書の類を使って情報処理力で対処することもできません。こうして伝説のリクルーターは、複数回の面接で相手のリアルな顔を引き出し、さらに次の項で解説する「マイナスモード」の話を引き出す中で、その人となりを見抜いていたのでした。

実践！ 〝プラスモードの自分プレゼン〟で、相手とつながりましょう。

通常の商談、プレゼン、名刺交換といった場面では、自分の話を繰り返し聞いてもらえるわけではありません。ほとんどの場合、短い時間の一度だけのセッションで、お互いの〝プラスモードの話〟を手短に交換することになります。そこで、そのときに備えて、日頃からトレーニングを積んでおきましょう。

では、例題です。

例題

仕事以外の話、限定です。
自分が得意なこと、大好きなこと、懐かしいこと、
昔から集めているものなど、〝プラスモードの話〟を、
1分から3分くらい思いきり語ってみましょう。

可能であれば近くにいる誰かと2人1組になって、交互に話してみてください。「正解」にこだわることなく、自由に話しましょう。

自分が話し手になる場合、これが〝プラスモードの自分プレゼン〟となります。プレゼンの中でも一番素直なタイプですが、いかがでしょう？　すんなり話せたでしょうか。

「プラスモードと言われても、人に話せるようないい話は何もない」という人は、〈ORIENTATION〉で述べた1万時間の話を思い出してください。

昨日まで全くやったことがなく、興味もなかったことでも、今日から1万時間やるとマスターレベルに達します。1日3時間なら、365日で1000時間だから所要年数は10年。1日6時間なら5年で何かの達人になれます。

マスターレベルとまでは言わなくとも、自分個人のプラスモードを表す何かを、名刺のブランド（会社名や役職）とは別に持っていると、人とつながりやすくなります。

プラスモードの自分プレゼンを通して、仕事をしていないときの自分、つまり個としての自分を、見直す機会にしてもいいでしょう。

ちなみに、自分が聞き手になる場合は、相手の話をごっくんごっくんと飲み込むように、相手の話が頭のほうから体に入ってくるかのように、大きくうなずきながら聞くこと。そうすると、相手は、自分の話が確かに聞かれている、と分かります。そして、心を開いていきます。

人は、自分の話を真摯《しんし》に聴いてくれる人が好きですから。

LECTURE 3-4

「マイナスモード」で人とつながる

ネガティブな経験をどう話すか？これは情報編集力の見せどころです。

伝説のリクルーターは、繰り返し面接を行い、志望者の話を聞いたと述べました。新卒採用なら、最初は大学時代のキラキラした〝プラスモード〟の話。これは多少、〝盛って〟あるのが普通です。しかし高校時代、中学校と遡っていくと、遠い過去については嘘をつけませんから、〝プラスモード〟の話は尽きて、やがて〝マイナスモード〟の話も出てきます。

肝心なのはここから、というのが、伝説のリクルーターの意見です。

曰《いわ》く、どんな挫折があったのか、どんな病気や、どんな失敗があったのか、こういったことを面白おかしく話せる人こそが、有望な人材だ、と。なぜなら、ネガティブなことを面白く話せているということは、ハードルを乗り越え、成長してきたという証。そしてコミュニケーション能力が高くないと、失敗談を面白く話せはしない——。

マイナスモードの話を、面白おかしく話せるかどうか。これはまさに情報編集力が問われるところであり、効果的な自分プレゼンにも大いに役立ちます。

では、まずはトレーニングです。

例題

かつて経験した失敗・挫折・病気などについて、
自分プレゼンをしてみましょう。
できれば、面白おかしく語ること！
時間がかかると思いますが、出だしの部分だけ、
30秒ぐらいで試してみてください。

いかがでしょう？　これまでの常識では「マイナスの話はタブー」だったかもしれませんが、視点を変えればルールは変わります。社内で話をするとき、取引先と関係を深めたいときにも、マイナスモードの自分プレゼンは非常に有効です。

失敗、挫折、病気。マイナスモードの自分プレゼンは、共感の宝庫です。

相手とつながるためには、相手が関心を持っていること、相手にも経験があることを話さなければなりません。その点、失敗・挫折・病気などは深刻さのグラデーションはあるにしても、誰でも経験しています。

つまり、マイナスの話は相手の中に「像」を結びやすいのです。語るだけで共感され、感情を共有しやすいのがマイナスモードの話です。

プラスモードの話を長々と続けていると、「なんだ、自慢話か」と受け取られてしまいますが、マイナスモードについては話しすぎてもそれほど害はありません。ただし、暗いだけの〝不幸自慢〟にならないように、明るく締めくくることです。

一例として、私のマイナスモードの自分プレゼンを書きます。

――私は、水泳が苦手な子どもでした。小学校6年のときにはクラス全員が25メートル泳げたのに、

私だけが泳げない。あれはもうすぐ1学期が終わる頃。先生から「最後のチャンス」と言われ、クラスのみんなが見守るなかで一人だけ泳がされることになりました。そこには当然、好きな子とかもいるわけです。応援してくれているけれども、絶対に泳げない。ものすごくかっこ悪い、恥ずかしい思いを味わいました。

高校生になった頃、押し入れの中から、私の幼稚園時代に母と先生が情報交換している日誌のようなものが出てきて、「この子は3歳のときに海で波をかぶって以来、水を怖がって困ります」なんてことが書いてある。

面白いもので、なぜ水が怖いのか分かった途端に、私は泳げるようになりました。もちろん得意というほどではないし、ハワイに行ってハナウマベイで溺れそうになったこともあります。水はいまだに苦手ですが、原因が分かるって大切ですね。

いかがでしょう? 親近感がありませんか? 「泳げるようになった」という〝乗り越えたエピソード〟と、「原因が分かることが大切」という〝自分なりの分析〟が入っているのがポイントです。

では、会社に入ってからのマイナスモードの自分プレゼンを披露しましょう。

――私は出世街道を歩んでいましたが、30歳のときにメニエールという内耳の病気にかかりました。

目の前の景色がぐらぐらして、ぐるっと回転してしまうという、めまいのような気持ち悪い症状が出る病気です。やむなく出世競争から離脱して、私は30代で年収を固定して専門職に変わっています。

後者のほうがシリアスなのですが、不思議なことに、マイナスモードの話というのは、語るだけで自分がラクになります。相手に黙って聞いてもらうだけで、なんとなく癒やされるような気がするのです。素直に自分の中のマイナスのエネルギーを外に出すと、相手のプラスのエネルギーと引き合うかのように感じる。逆に、プラスのエネルギーを出しすぎると相手のプラスと反発し合って相手が遠ざかる。そういうイオンのような作用があるのかもしれません。

上司も親も「正解の束」ではない。リーダーになったら〝弱みのプレゼン〟をしましょう。

相手を引きつけ、〝像〟を共有できるマイナスモードの話は、自分にとってかけがえのない資産となります。この機会に自分の弱みをしっかり整理して、過去にした失敗、挫折、病気というように分類しておく。そこにどう乗り越えたか、あるいはどう受け入れているかのストーリーも付け加え、さらに面白おかしく話せるようにしておきましょう。

これで相手に通じる自分プレゼンができますし、深い人間関係を構築する〝ツール〟ができたことになります。

特にリーダーには、部下にマイナスモードの話をして、早めに自分の弱みを握らせることをお勧めします。私が見るところ、優秀なマネジャーというのは、弱みの握らせ方が実にうまい。とはいえもちろん、朝礼などで部下一同を前にして「いいか、今から自分の弱みを言うから聞いてくれ！」なんて言い方では通じません。

お酒を飲む場でも面接の場でも、基本は1対1です。一人一人相手のキャラクターに合わせて話し方を工夫し、自分の弱い部分を握らせておくことが大切なのです。

なぜなら、部下は上司を〝正解の束〟だと思っているからです。できる上司であるほど、「この人はずっと成功してきて、マイナス面などないはず」と部下は感じているもの。

「えっ、それのどこが悪い？　尊敬されていいじゃないか」と思うなら、それはずいぶんと浅はかな考えです。「完璧だ」と感じる相手に、人は弱みを見せられません。つまり部下は、プラスモードだけの上司には、悪い情報を入れづらくなってしまうのです。

たとえば、お客さんとトラブルを起こしてしまった、クレーム対応が非常に遅れてしまったというとき、形式的な「ホウレンソウ」はなかなか機能しません。

部下は悪い話を〝正解の束〟である上司には報告しづらく、自分でなんとかしようと抱え込み、悪化させてしまいます。悪化ならまだいいのですが、致命的な問題の報告が遅れれば、会社の存続を揺るがす可能性すらあるのです。

上下のコミュニケーションをよくするためには、ある意味、上司も弱い存在なのだということを分かっておいてもらう。これはとても大切なことです。

ちなみに、家庭における子育てについても同じです。子どもは親のことを「完璧な存在、正解の束だ」と勘違いしているもので、その親たちが正解主義で子育てをすると、子どもは逃げ場をなくします。だからこそ親であるなら、自分たちも失敗や挫折や病気を繰り返して大人になったということを子どもたちに伝えてあげなければなりません。決して正解の束ではなく、プラスモードとマイナスモードが共存する存在だということを理解してもらうのです。

親が子どもにマイナスモードの自分プレゼンをしておけば、正解主義は絶対でないことを教えられます。いじめにあっている子ども、友だちとうまくいかない子どもは、完璧な親には弱みである「いじめられている現実」を隠そうとしますが、不完全な親にならら相談しやすい。そして、親がマイナスの話を笑って話せるのであれば、「お父さんもそんなことがあったのか。でも今は笑い話になっているぐらいだから、自分もなんとかなるかな」と感じ取ることもできるでしょう。

マイナスモードの自分プレゼンの３つのメリットは……

① 相手の共感を呼ぶ。
② 話すことで自分自身も癒される。
③ 部下（子ども）とのコミュニケーションがよくなる。

LECTURE 3-5

ヒアリングで「世界観」を共有する

相手の脳の中に、映像を流し込むように語る秘訣とは？

本レクチャーではこれまで、情報編集力を駆使して相手の脳内に〝像〟を結び、互いに納得する「納得解」を得る方法について述べてきました。いかにイメージを共有するか、そのためのいくつかのアイディアをご紹介してきました。最後に、商談やプレゼンの本番で使える、とっておきの秘訣をお伝えしましょう。

まず、私たちがしばしば遭遇する、次のような状況を想像してみてください。

あなたの友人は大の野球好きで、なかでもチームAの大ファンだとします。

「昨日の試合はさ、9回表まで5対0でAが勝ってたのに、裏に返されて、あっという間に5対5。延長11回までもっていかれて、逆転サヨナラホームランで負けたんだよ！」

まったくなんてことだと、友人は興奮して話しかけてくる。ところが、あなたは野球を知らないので、なぜそんなことで、そんなに腹を立てているのか、どうしても理解できないでしょう。「……それがどうしたの？」といった具合。

サッカーでも同じことです。

「聞いてよ！　後半45分のあと、延長1分でゴールされちゃって負けたんだよ！　たった1分であっけなくだよ？」と悔し涙を流しながら熱く語られても、サッカーを知らない人からすれば「？」です。

「ねえ、サッカーが前半と後半の45分ずつっていうのは知ってるけど、延長って何？」というふうに、話はすれ違い、単なる独り言の応酬になってしまうことでしょう。

商談でもこれと同じことが起こります。あなたがどんなに自社の商品のよさについて熱弁を振るったとしても、自分の事業案の強みについて力説したとしても、そのよさを理解していない相手にはまったく響かず、プレゼンは空振りに終わってしまいます。

こうした独り言の応酬にならないためには、「相手の世界観の中で話す」という技術が大事なのです。

プレゼンのお手本として紹介されることの多い「TED」などでは、登壇するプレゼンターは初めから相手の脳の中に映像を映し込むように話しています。だからインパクトがある。

新しいことを扱っているのにあえて聴衆の世界観で話すことで、聴衆の脳の中で像を結べるようなプレゼンが、桁違いの再生回数を稼いでいるのです。

相手の世界観にある言葉で話す。
ただこれだけで、あなたのプレゼンは、非常に通りやすくなります。

聞いて聞いて聞きまくる。ヒアリングからコミュニケーションの共通言語を見つけましょう。

問題は、多くの場合、相手の世界観が分からないことです。サッカーファンか野球ファンかというのはすぐに分かりますが、仕事の話のように多様性があるテーマだと難しい。初対面だったりバックグラウンドが違う人ならなおさらです。

そんなときこそ、ヒアリング力がものを言います。

相手の世界観が分からないとき、どうすればよいか？　簡単です。尋ねればいいのです。

初対面の人に会って1時間でプレゼンするとします。もし私なら、15秒で自分プレゼンをしたあとは、57分間、聞いて聴いて訊いて、聞きまくると思います。相手の世界観の中にある要素を全部出して組み合わせ、最後の2分45秒でプレゼンをするでしょう。

たとえば、Cというシャンプーのプレゼンをしたいときは、「相手のシャンプー観」をできる限りヒアリングして知ろうとします。

「えーっと、昔から使ってたのはaというシャンプー。使い慣れているけれど、飽きているの。最近ちょっと気になるのが、外資系のq。でも、エコの香りのするzもいいと思って」

そんなふうに言われたとしたら、私はこう答えるでしょう。

「実はCという商品は、aとqとzのいいところを足して3で割ったような商品なんです」

もちろん実際のマーケティングは「足して3で割る」的な簡単な方程式ではできないと思いますが、基本はこれに尽きます。

①ヒアリングして相手の世界観にある情報を徹底的に抽出・収集する。
②①を編集し、そこに自分なりのプラスαを加味する。
③②について、相手に分かりやすい言葉で、頭の中に像を結ぶように話す。

ヒアリングしたとき、「シャンプーPを使ったら髪がごわごわになった」という情報があれば、「Pについてはあまり言わないほうがいいな」という判断もできます。

人間というのは、自分が知らないことを言われると恐ろしくなる動物です。

その点、この方法なら、すでに相手の頭の中にある要素を収集したうえで編集しているので、相手はそのプレゼンを受けた途端に、「自分の考えの一部だ」と思い、受け入れられる確率が高まります。

「インタビューゲーム」をしてみましょう。コツは2つあります。

このように、コミュニケーションにもプレゼンテーションにも欠かせないのが「聞く力」です。

聞く力のトレーニングとして、「インタビューゲーム」をしてみましょう。

例題

2人1組で、相手に個人的な質問をしていきます。2分間でできる限り多く、相手と自分の共通点を見つけてください。

共通点といっても、「お互いメガネをかけている」では見つかっても嬉しくありません。集めるべき共通点に、条件を2つ付けておきましょう。

① その話が出てきた途端、お互いに何となく嬉しくなるもの

「初対面だし、縁もゆかりもない」と思っていた人と話してみたら、出身地が同じで、小学校も近かった。これは結構、感動的です。

「野球ファン同士」では「別に」ですが、マイナーなスポーツのファン同士だと分かれば、「このあと、ちょっと飲みに行きましょう！」となるでしょう。こうしたレイヤーの深いところで、ちょっと嬉しくなるような共通点を探ってみましょう。

② その話題で、1時間は話せるようなもの

たとえば犬を飼っている人同士で、しかも同じ犬種なら、ものすごく盛り上がります。スポーツも趣味も然《しか》りです。

このインタビューゲームで鍛えた「聞く力」で相手との共通点を見つけることができれば、プレゼンは格段に通りやすくなります。日頃から職場などで実践し、トレーニングを積んでおきましょう。

共通点は絆にもなるので、チームビルディングとしても非常に有効です。

図15
相手の世界観で話す

① ヒアリングして相手の世界観にある情報を徹底的に抽出・収集する

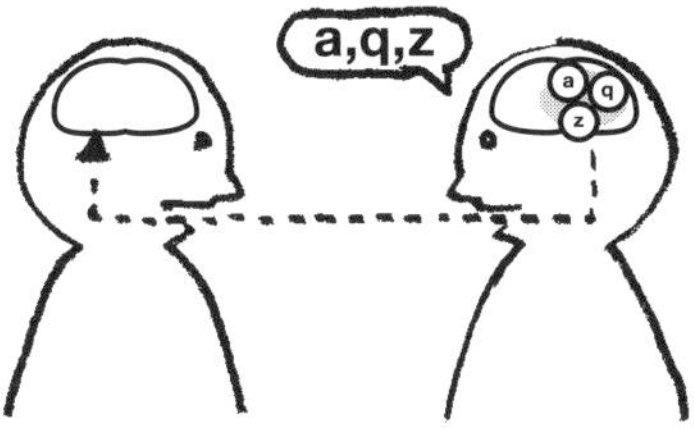

② ①を編集し、そこに自分なりのプラスαを加味する

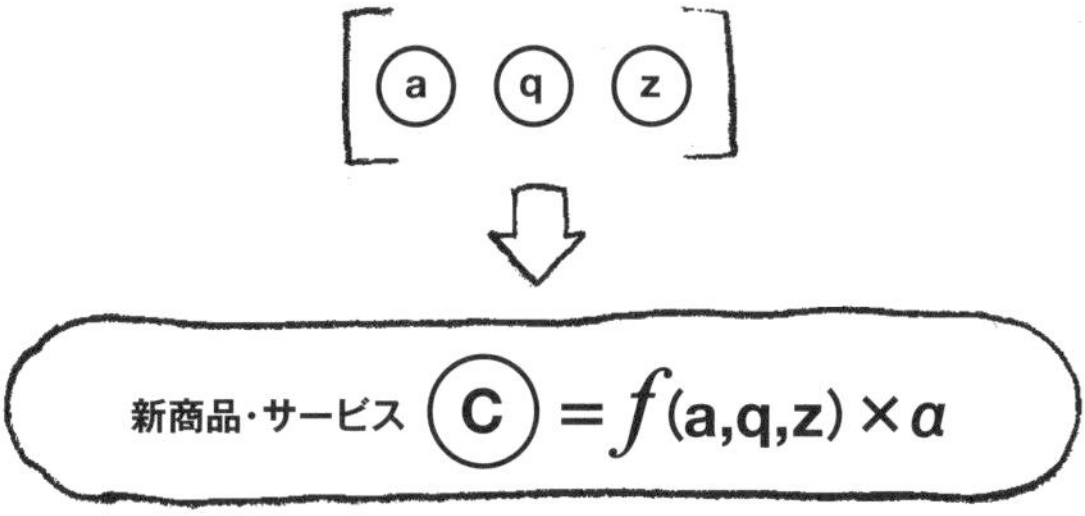

③ ②について、相手に分かりやすい言葉で、頭の中に像を結ぶように話す。

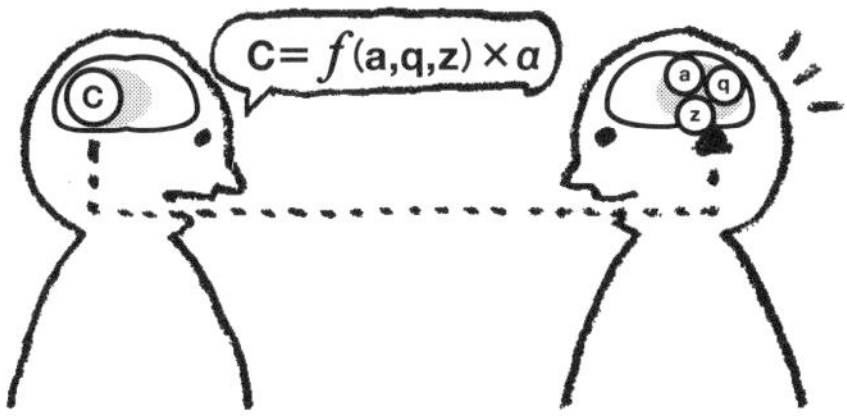

LECTURE 4

「経営者意識」で飛躍する

信任（クレジット）の三角形を形づくっていくと、
いずれ組織を束ねる立場になるときが来ます。
うまくチームを動かしていけるかどうかで、
三角形は大きくもなり、小さくもなります。

そのとき必要になるのが
〝マネジメント〟の力。
経営者に限らず、新入社員でさえも
「経営者意識」を持つことが、
21世紀の働き方の必須条件なのです。

LECTURE 4-1

「それぞれ一人一人」の時代に成長する組織とは？

「会社も個人もエネルギー体」という前提で21世紀のマネジメントを考えてみましょう。

ここまでのレクチャーでは、正解のない時代には、イノベーションによってしか付加価値が高まらないこと、だから情報処理力より情報編集力が重要になること、情報編集力によって納得解を得、他者を巻き込みながらその解を実現していくコミュニケーション力について解説してきました。そして、それらを今の仕事の中で磨いていくアイディアについても。

最後の〈LECTURE 4〉では、これからの時代のマネジメントについて、お話ししたいと思います。チームのリーダーや管理職の方はもちろんですが、入社したての若い方であっても、新入社員のときから、経営者の視点で組織を見すえ、その中で自分がなすべき働き方を考えることは非常に重要です。

ポイントは、何度も繰り返してきた成熟社会のキーワード、**「みんな一緒」から「それぞれ一人一人」です。**

さて、正解主義の社会では、「マネジメント＝管理すること」でした。上司は管理する人、部下は管理される人という、一方的な図式です。

そのためめか、経営者やマネジャーの中には今でも、「とにかく自分がみなを引っ張っていかなければならない」と考える人がいます。これでは組織として成果が出なくなっているのが今の成熟社会です。

では、どうすればいいのでしょう?

会社も個人も、ある方向にベクトルを持った「エネルギー体」だと考えると、何をすべきかイメージしやすくなります。


会社とは、ある〝方向〟と〝大きさ〟を持った巨大なベクトルです。そして個人も、自分の志向によって何かを成し遂げようとするベクトルにほかなりません。

左ページの図16の上側をご覧ください。会社はCというエネルギー体であり、個人はiというエネルギー体です。

成長社会の「みんな一緒」という意識が強かった時代はこのように、社員(i)は会社(C)という大きなベクトルにすっぽりとはまり込んでいました。つまり、会社という大きな矢印の中で社員が細かく動いていたのです。

図16
会社と個人のベクトルの和を意識してマネジメントする

昔

会社の大きな
矢印の中で
社員が
細かく動く

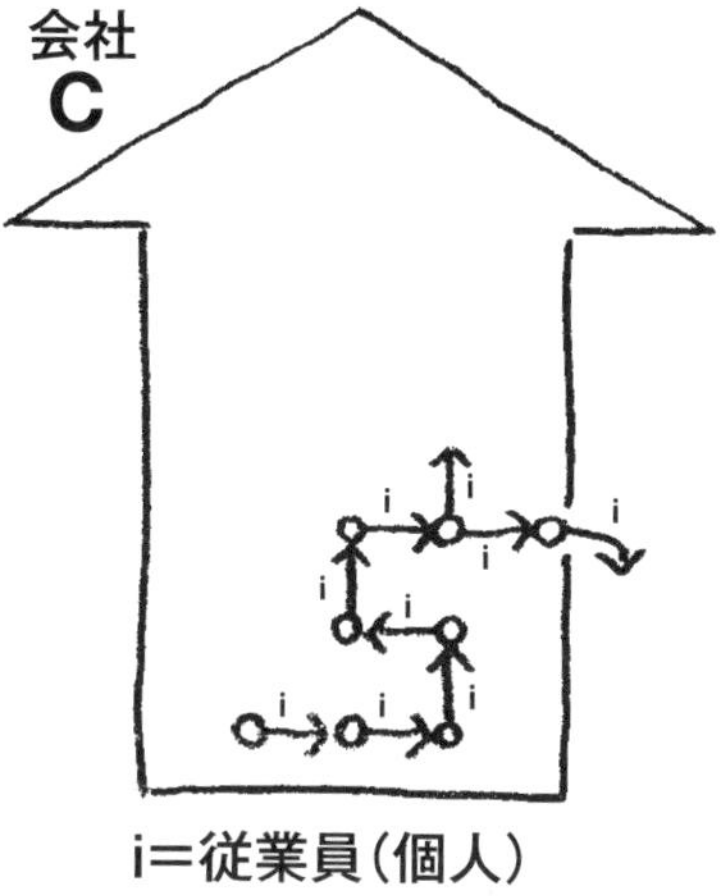

今

方向性の
異なる
会社と社員の
ベクトルの和が
より大きな
エネルギーを
発揮する

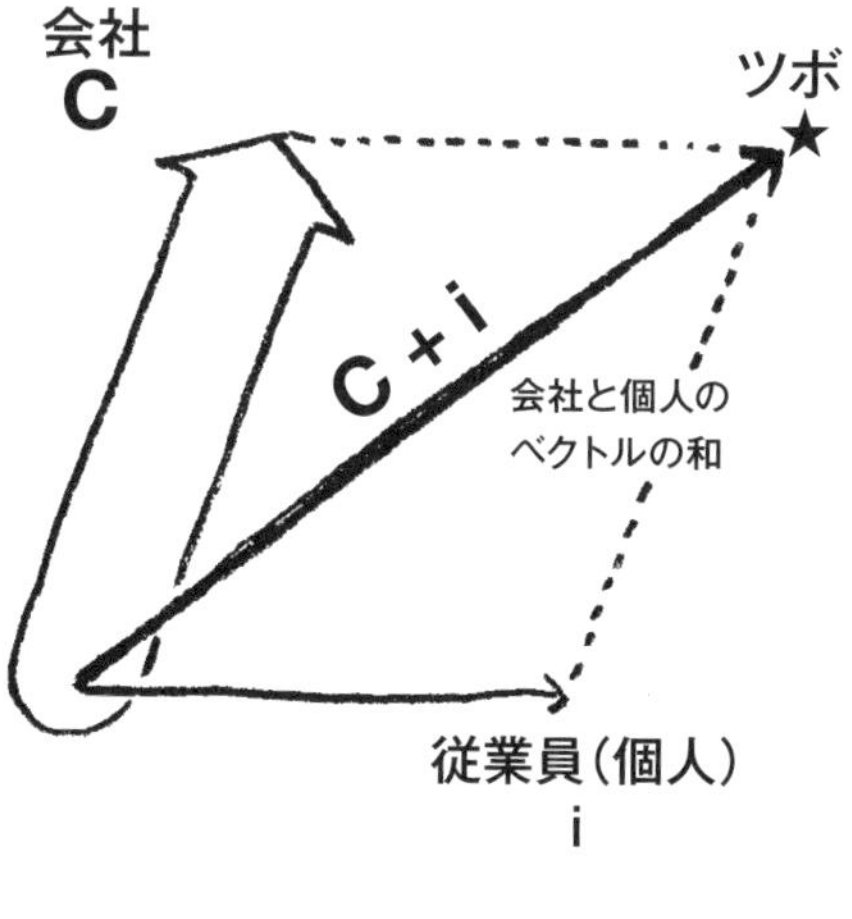

入社し、異動し、昇進し、また異動する。すべては大きな矢印の中の出来事なので、矢印の方向性そのものに影響はありません。ときどき会社という矢印から飛び出す人がいたり、こぼれ落ちる人がいたりしても、あくまで例外的存在でした。ヒューマンリソースの動きは、「大きな組織の中における小さな活動」としてとらえる企業観が一般的だったのです。

しかし、成熟社会という「それぞれ一人一人」の意識が強くなる時代に焦点を合わせるためには、異なる企業観を思い描く必要があります。21世紀の働き方をしたいのであれば、すべての社員を一つの矢印の中に入れて、経営者が目指す方向へと力ずくで引っ張るようではうまくいきません。

そこで今度は図16の下側のように、異なるイメージが必要になってきます。この場合も、会社という矢印はCのベクトル、個人はiのベクトルです。

成熟した社会では、個人は、会社という大きな矢印の中にいなくてもかまいません。会社のベクトルに対して、個人のベクトルが同じ方向、同じ線上になくてもいいのです。

むしろ、はみ出して斜めを向いていていい。社員が会社以外の豊かなリソースに目を向けることは、結果的に会社をも豊かにするのですから。

その理由は、高校の数学で習ったベクトルの図を思い出すと分かります。向きの違う2つのベクトルを合わせるとき、それらを2辺とした平行四辺形を描き、その対角線を〝和〟とする、という考え方です。この対角線は、それぞれのベクトルよりも長くなります。

この和が、組織と個人のエネルギーの和ということです。

組織と個人のベクトルの〝和〟を意識して合気道のごとくマネジメントできるようになると、組織はより小さい力で大きなエネルギーを発揮できるようになります。

会社も個人も「ベクトルの和」の最大化を目指す。それが「個の時代」のビジネスモデルです。

図16のイメージをマネジメントに置き換えて言えば、会社のエネルギーと従業員一人一人のエネルギーには必ず折り合うポイント（ベクトルの和）があり、そのポイントを探り当てることができれば、おのずと大きなエネルギーが得られるということ。折り合うポイントに両者の補助線を引くことができればWin‐Winの関係を築くことができます。

左ページの図17は、ベクトル合わせがうまくいっていない例です。上側の平行四辺形のように、補助線を無理やり会社側に引き寄せてしまうと、個人のベクトルは縮まざるを得ません。「俺がオーナー社長だ、言うことを聞け！」となったら、ベクトルの和は、かえって小さくなってしまうのです。

逆に、下側の平行四辺形のように、あまりにも個人の好き勝手でいいとなると、やはりベクトルの和は小さくなります。

会社と個人のベクトルをきちんと見極め、ベクトルの和となる長い対角線を描くことが、社内を活性化させる「ツボ」になるでしょう。

たとえばリクルートのような組織だと、社員が多様なので、3000人いれば3000通りのiがそれぞれの方向を向いています。会社がそれぞれ一人一人とベクトル合わせをするには相当な手間がかかりますが、それによって得られるエネルギー量もとても大きくなるのです。

C（会社のベクトル）＋i（社員のベクトル）＝ベクトルの和（社内活性のツボ）

図17
ベクトル合わせがうまくいっていない例

① 補助線を無理やり経営側に引き寄せた場合

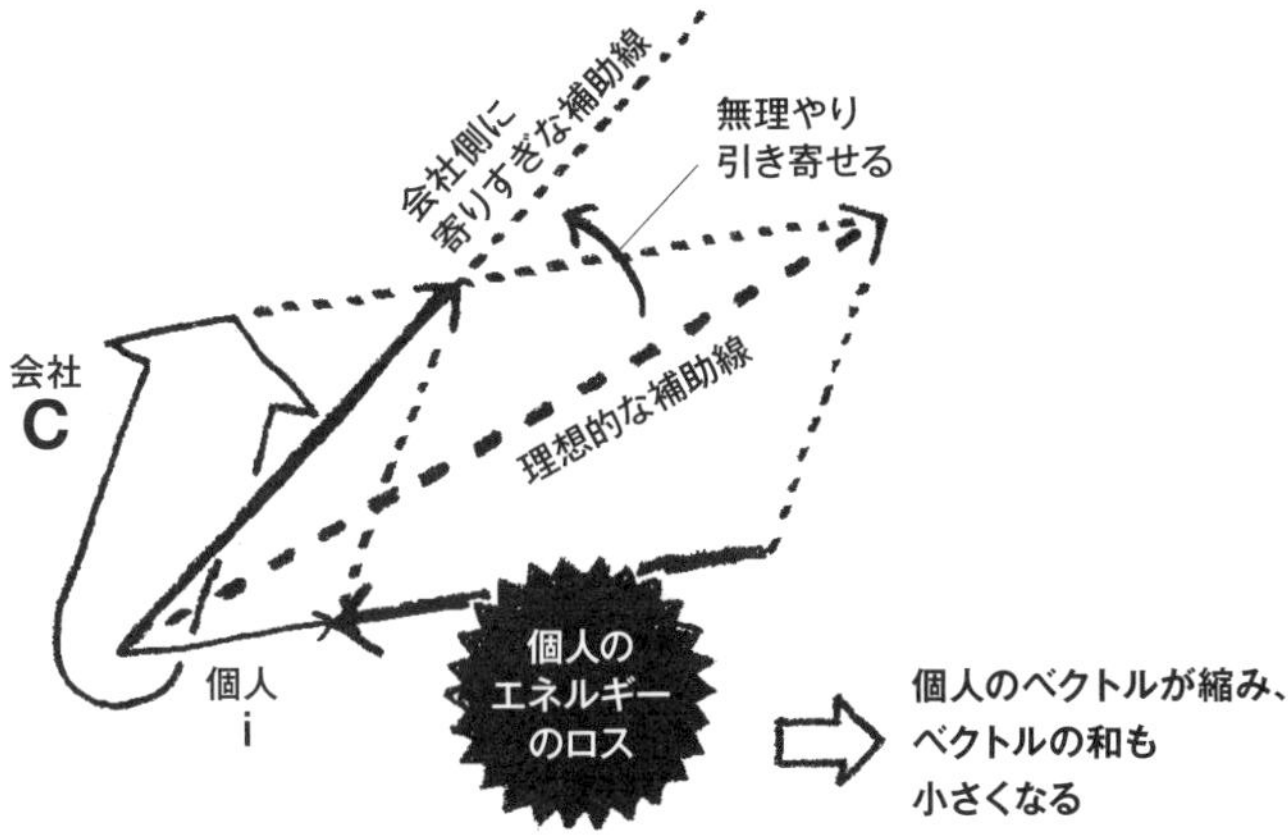

② 逆に補助線を個人側に引き寄せすぎた場合

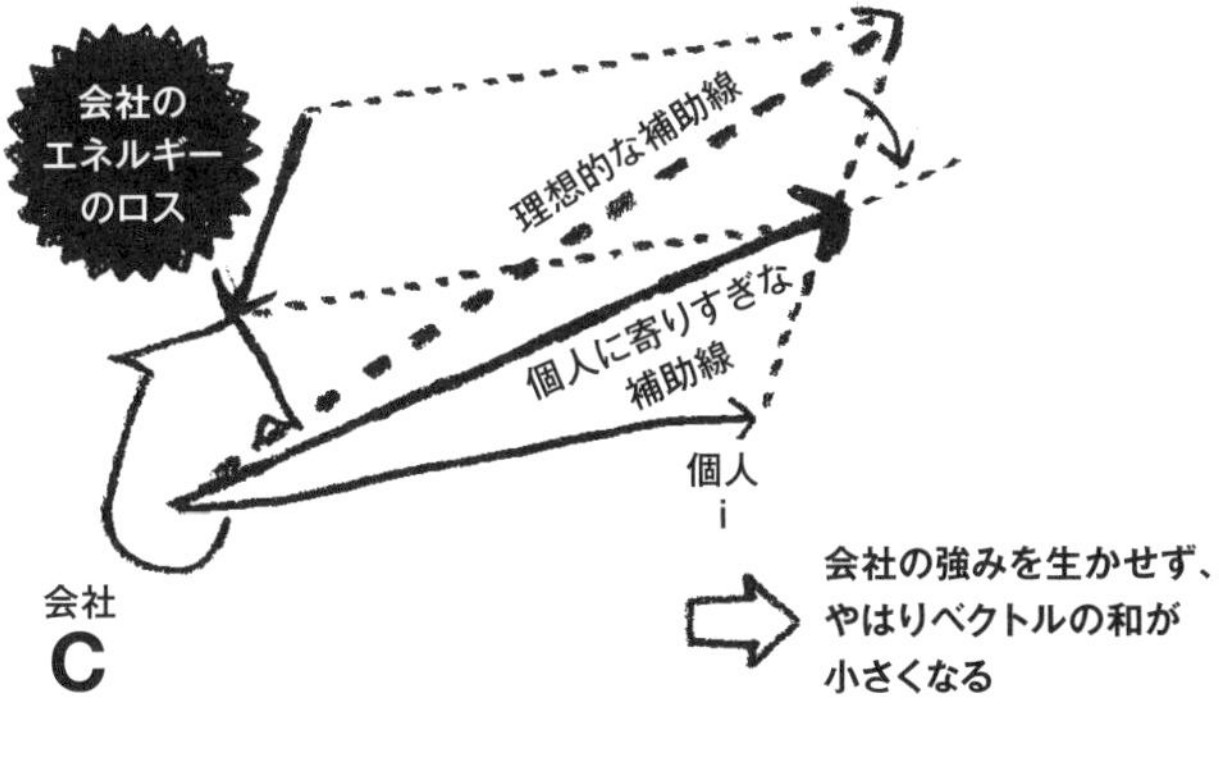

こういった姿勢で社員とコミュニケーションをとることが、ヒューマンリソースをマネジメントするうえで、もっとも重要な視点になります。

あなたがマネジャーやリーダーという立場なら、それぞれ一人一人の部下とベクトル合わせをし、「ツボ」を見つけることが、社内コミュニケーションの鍵です。**会社における〝仕事〟はすべて、「不断のベクトル合わせ」だと言っていいでしょう。**

「個」に焦点を合わせられない企業は、絶滅危惧種かもしれませんよ。

今はすべてが多様化し、個への対応が求められる時代です。年金、介護といった社会システムもビジネスシステムも複雑化しています。そこで利益を出しているのは、携帯電話会社、コンビニエンス業界、通販ビジネス等、顧客一人一人のニーズを捉え、「それぞれ一人一人」に課金することで利益を得ている企業ばかりです。

「みんな一緒」というノリでも生き残れるのは、米や水といったコモディティ商品を扱う企業だけになるかもしれません。いや、水や米でさえ、すでに「ダイエットには硬水」とか「軟水の味が好き」とか

「○○というブランド米がいい」という志向に分かれていっていますから、最終的には「それぞれ一人一人」のための水や米を追求する大きな流れに呑み込まれるのかもしれません。

ぜひ、**自分のマインドを「みんな一緒」から「それぞれ一人一人」にシフトしていく**ことを、ポイントとして頭の中に残していただきたいと思います。

LECTURE | 4-2

21世紀の働き方を体現する「自分ベクトル」のつくり方

「自分ベクトル」をつくるコツは、3つあります。

個人として「iベクトル」をどう強くしていくかという点についても、考えてみましょう。

「正解主義」がいまだ根強く残る日本ですから、かつては個人（i）ベクトルそのものが希薄でしたし、その傾向は今も続いています。

典型例は就活中の大学生です。小学校から中学校、高校にかけて、最初に正解ありきの4択問題などを解かされ続け、正解主義に呪縛されるようになります。大学を卒業していざ社会に出ようというときにも「3社内定しましたが、どこを選ぶのが正解でしょうか？」などと人に聞いたりする。正解なんて存在しないのですから、決める覚悟だけが大事なのです。

そろそろ、iベクトルのつくり方を、それぞれ一人一人がマスターする必要がありそうです。

iベクトルをつくるには、3つのコツがあります。

①自分にぴったりの「正解の仕事」なんてないと知る。
②会社から与えられた〝作業〟ではなく、〝仕事〟をする。
③やたらと個性にこだわりすぎない。

順番に説明していきましょう。これは就活生だけでなく、働く人すべてに大事なことですから。

「正解の仕事」を見つけようとしたら、一生ニートのままですよ！

当然のことですが、人は変わります。自分自身が成長していくことによって視点も高くなり、視野も広がり、今まで見えていなかったものが見えるようになります。

それと同じように、企業も常に変化し続けています。旧態依然とした会社のままでいると生き残っていけないのですから、変わることは企業存続の必須条件です。

人も企業もそれぞれに変わる時代に、「正解の仕事」は見つかりません。では、どうすればいいのか？

その答えこそ、〝ベクトル合わせ〟です。

変化するもの同士（人と企業）が、無限に考えられる組み合わせのなかで、日々、常にベクトル合わせをし続けること。21世紀の働き方とは、これに尽きると私は考えます。

つまり就職活動とは「自分にとって正解となる仕事がどこかにあって、それを選べば完了」というものではありません。就職したのちも、いいえ、働いている間はずっと、誰もが自分を仕事に合わせたり、仕事を自分に合わせたりしています。その編集を通じて、企業と個人は成果を生み出す営みを続けているのです。

こう考えると、会社という同じベクトルの中にいるように見える社員が全員、同じ方向を向いているわけではないことが分かるでしょう。

仕事をするなら、会社と自分という2つのベクトルから、お互いを最大限に活性化できる「ベクトルの和」を見いだす姿勢が大切です。自分も夢中になって働き、それが会社への貢献にもつながる〝ツボ〟は必ずどこかにあります。そこに補助線を引くのです。

就活生なら、「正解の会社」を探すのではなく、「毎日カスタマイズしてお互いにベクトル合わせを続けていける会社」を探しましょう。

ただ相手に合わせるのではなく、自分と方向性は違っていても、エネルギーを最大化する対角線を描ける会社。カスタマイズするゆとりやエネルギーがあり、社員とツボを合わせてくれる柔軟性も持ち合わせている、そんな会社です。

あなたがすでに働いているなら、どうやって会社と自分のベクトルを合わせるか、たゆまずツボを探していくことです。「どうやってもツボが見つからない」というなら、転職という選択肢だってあるでしょう。

ちなみにリクルートは、社員とのベクトル合わせに、意識調査を使っていました。

「今の仕事でいいですか。十分、盛り上がっていますか。どこか異動したいですか?」

こうした異動希望を年に4回とっていたことすらあります。今は年に1、2回に減っていると思いますが、組織の人事制度として、社員一人一人とのベクトル合わせをサボらないことが大切です。社内の人事管理システム、ヒューマンリソースマネジメントも、「みんな一緒」というノリで、部門単位でやっているようではダメ。「それぞれ一人一人」に合わせたきめ細かな人事管理システムを採れる会社が勝ち残っていくでしょう。

与えられて行うのは、仕事じゃなくて作業。単なる自己主張は、仕事じゃなくて趣味です。

ただし社内で部署異動を希望する際も、あるいは何かしらのプロジェクトに参加する際でも、「こっちの仕事は合わない」「こっちの仕事が合っている」などと既製品を購入するようなつもりでいたら、そもそもベクトル合わせにはなりませんし、仕事をしていることにすらなりません。なぜなら、既製品を選んでいるだけだから。

誰かに与えられて行うことは、仕事ではなく〝作業〟にすぎません。自分から見つけ出して、取り組むものを〝仕事〟といいます。

あなたがマネジメントする立場であれば、部下に作業ではなく仕事をしてもらいましょう。それには、相手を便利な歯車として動かしてはダメです。お互いプラスになるよう「ベクトルの和」をつくっていく覚悟でコミュニケーションをとることです。

また、一社員が個を確立することは大切ですが、その際にもベクトルの和を意識しなければなりません。「自分は釣りが好きだから釣りに関係する仕事だけしたい」という人がいたら、ベクトルの和は小さくなり、会社としての成長が損なわれてしまいます。

個性は大切なものですが、そこにこだわりすぎても〝和〟は生まれないということ。

ちなみにこの考え方は、私生活全般にも応用できます。

たとえば結婚となると、多くの若い人たちが正解主義で相手を探している気がしますが、「この人は正解じゃない」なんてことを考え続けていると、独身生活が長引きます。

夫婦のかたちに模範解答などありません。人々の価値観が多様化した成熟社会においては、なおさら、夫と妻のベクトルがそれぞれ違った方向へと向いていて当たり前なんです。

お互いが「ベクトルの和」を求めるように平行四辺形を描き、〝和〟としての対角線に2人の〝ツボ〟を探し出す。こんな共同作業を日々続けられるのが、よい夫婦ではないでしょうか。

会社で、家庭で、コミュニティで、あらゆるところでベクトルを合わせ、エネルギーを最大化していってください。

LECTURE 4-3

21世紀の働き方の基本は「〝皆〟経営者主義」

プロフィットとコストの意識を持つ。経営者意識の第一歩って、これなんです。

リクルートには「〝皆〟経営者主義」という言葉が昔から根付いていました。

社長や役員以外の社員を〝使用人〟とする考え方では、社員一人一人が働くためのモチベーションが見えなくなります。「会社に使われているだけだから」と思えば、コスト意識を持つこともないでしょう。

社員が3000人いたら、3000人すべてに経営者の意識で仕事をしてもらったほうがいい。個人が主体性を持って働けば、ベクトルの和は自然と大きくなりますし、人事が必死でモチベーション研修をしなくても、それぞれの内側から働く動機が生まれてくるものです。

「〝皆〟経営者主義」を実現するためには、2つの大きな条件があります。

条件その① 情報を徹底的に共有すること。

リクルートではアルバイト・パートに至るまで、ほぼ社員と同じくらいの情報を持たせる努力を怠りませんでした。

たとえば、私が在職していた当時、社内広報についても十分に投資し、特に優秀な女性たちに担当させていました。彼女たちはリクルートを〝卒業〟したのちも、さまざまなかたちで活躍しています。

条件その② プロフィットとコストの意識を全員が持つこと。

これが大事なのは経営者ならすぐに分かることですが、事業分野によってはプロフィットやコストの意識を持ちにくいこともあるでしょう。たとえば、私が携わってきた教育改革の世界でも、学校の先生というのは、なかなかそうした意識を持ちにくいものです。

私は現在、文科省配下の教員研修センターで全国の校長先生に、ドラッカー経営学を取り入れたマネジメント研修をしています。「校長先生の校長」としての仕事です。その中で校長先生たちに出している例題は、コスト意識について考えるいいトレーニングになると思うので、例示しておきましょう。

例題
学校設備のコストに関する問題です。 夏にプールを水で満たすと、水道代はいくらになるでしょう? また、理科室に置いてある骸骨（骨格模型）はいくらでしょう?

いかがでしょう？　この問いに、ほとんどの校長先生は答えられないのです。

答えを書くと、プールの水は20万円ほど。理科室の骸骨は〝学校の相場〟だと6、7万円くらい。でも、ネットで検索すると、1万数千円ぐらいのものが見つかります。

このように、毎日接している会社の備品や外注の値段を知っておくことは、経営者意識の第一歩です。さらに、私がどのように学校の先生たちに付加価値とコストの意識を持ってもらったかを書きます。

公立校といえども学校はタダでは運営できず、当然、お金がかかっています。まず、大きいのは先生の人件費。教科書代もかかります。長い目で見ると校舎の改修費なども考慮しなければならないでしょう。

それらをいろいろ含めて計算すると、義務教育の児童・生徒1人当たり、年間だいたい100万円の税金が投与されていることになります。そしてどこの学校でも、年間1000コマ程度の授業が行われている。では、100万円を1000コマで割ってみましょう。

児童・生徒1人1コマ1000円。ものすごく分かりやすい値段になりますね。

生徒1人当たりに支払われる税金が1コマ1000円ならば、1クラス30人に教えた授業にかかる税金は3万円です。

そこで私は「付加価値」を意識してもらうために、授業を終えた先生に尋ねていました。

「3万円が支払われるだけの価値ある授業ができましたか？」と。

よく理解できなかった生徒にとって、その先生の授業は100円の価値しかなかったかもしれない。居眠りしていた生徒にとっては1円の価値もないはずです。逆に予習をしてきた生徒なら、1000円を超える価値を享受するでしょう。私は、繰り返し先生たちに尋ねることで、「授業1コマあたり1人1000円」というコスト意識と、それ以上の「付加価値」を出そうとする意識を持ってもらいたかったのです。

また、1000円という金額は、ちょうど中学生が映画を1本見るのと同じ料金です。先生の1単位の授業が子どもにとって、どれほど価値があり、いくら支払ってもらえる内容なのか？　映画と同じくらいの価値を、子どもたちはそこに見いだしているのか？　このような問いかけを繰り返すことで、学校の現場にさえも「価値を生み出そうとする意識」は移植可能です。

「その仕事」のコスト、リアルにいくらか知っていますか？

では、これを会社に置き換えて考えてみましょう。

あなたは会社のこの夏の電気代がどのくらいか、答えられるでしょうか？

清掃会社に支払っている費用は？　コピー用紙の年間経費は？

コスト意識はありとあらゆることに及びます。「会社の電気代」を「自分の部署の電気代」「会社での自分の電気代」と小さく考えていくと、よりリアルにコストが考えられるはずです。

〈ORIENTATION〉で、「大切なのは時給である」と述べましたが、自分の時給はいくらかを考えることもプロフィット意識とコスト意識を持つ工夫の一つです。

たとえば「会議のコスト」。部長、課長、社員5人という参加者の〝時給〟と、会社の賃料から割り出した会議室の会場費から「この会議、いくらかかっているのかな？」と考えてもいいのです。

会議で出すプロフィットについても、考えなければなりません。かけたお金に見合うような結論（成果）が出たか、それともただの時間つぶしの報告会だったのか。

偉い人たちが出席して、彼らの人件費だけで1時間10万円もかかっているお高い会議なのに、どうでもいい話で3時間近くかけたりしていないか。仮にダラダラしていなかったとしても、結論が出なければ成果物なしですから、その会議にかけたお金が全部無駄になります。

文房具や本代をケチるよりもよっぽど実のある〝ゼニ勘定〟です。あなたが上司の立場であれば、部下に計算させてみることで、意識改革をしてもらうという手もあります。

いかにプロフィットとコストの意識を部下に持たせるか、ぜひ「象徴的な」施策を考えてください。

図18
"皆" 経営者主義を実現する2つの条件

条件その1 **情報の共有**

⇨ アルバイト・パートにも社員と同じくらいの情報を持たせる

条件その2 **プロフィットとコストの意識**

を全員が持つこと

ex）学校の授業

児童・生徒1人当たり **100万円/年** ÷ 年間授業数 **1000コマ**

児童・生徒1人1コマ当たり

= ［　　　］円

⇨ 1クラス30人なら？

1授業当たり［　　　］万円

LECTURE 4-4

会社をスピードアップさせる修正主義の経営で勝ち残れ

「ＰＤＣＡサイクル」を「ＤＡ・ＤＡ・ＤＡのサイクル」に進化させちゃいましょう。

経営学のテストで「経営資源を述べよ」という問題が出たなら、昔の答えは３つ。「人・物・金」でした。

そこに「情報」と「時間」を加えて、「５つの経営資源」と言われるようになったのは30年前ぐらい。最初に言い出したのは、私の記憶では、かのピーター・ドラッカーです。

今日のネット社会では、「時間」という資源を高速運用するという意味で、「スピード」が重要な要素になっています。「スピードこそ最大の経営資源」とする識者も多いようです。

では、経営のスピードをアップするには、何をしたらいいのか？　それを考えるために、ＰＤＣＡサイクルのおさらいをしておきましょう。

Plan（計画）→Do（実行）→Check（評価）→Act（改善）

「サイクル」ですから、Plan（計画）→Do（実行）→Check（評価）→Act（改善）ときたら、再びPlanへと回していくのでしたね。

もともとは生産管理や品質管理で使われていた言葉ですが、いまや教育界にも浸透しています。スピードが重視される今、どうやってPDCAを素早く回すかを、どこの企業でも真剣に考えていることでしょう。

ここで私が思うのは、PlanとCheckは頭の中でもできるということです。つまり、スピードが関わってくるのは、実際に体を動かすDoとActの部分なんです。それなら、PDCAの考え方を変えてしまうべきだと考えます。いや、進化させると言ったほうがいいでしょう。

「実行と改善、実行と改善」の、「DA・DA・DA経営」を実践する。

図19
会社のスピードを増大するDA・DA・DA経営

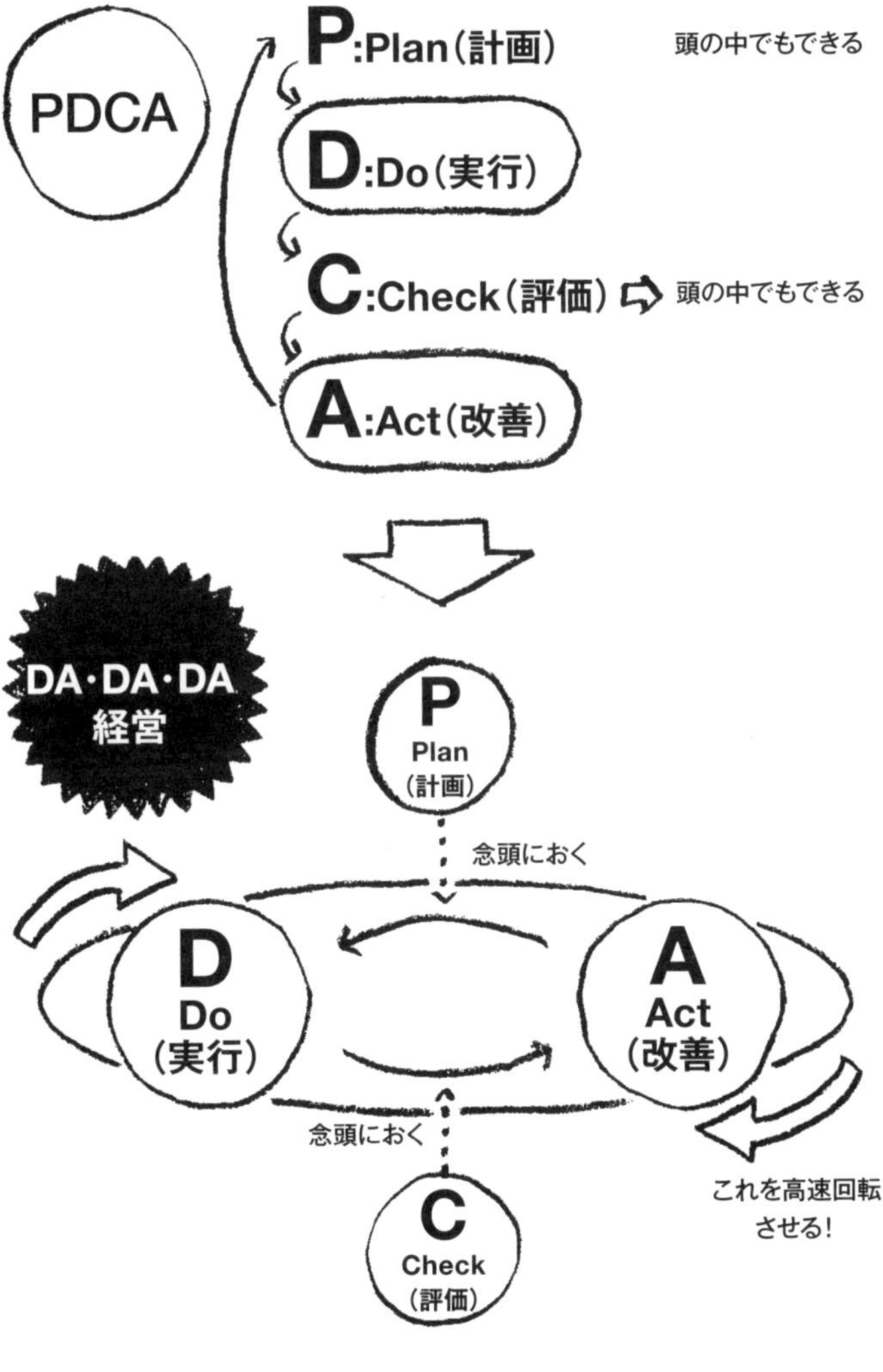

この「DA・DA・DA経営」ができる企業こそ、これからのよのなかで勝ち残ります。

昔ながらの正解主義の経営では、もう生き残れない。迅速に修正主義を実践しなければならない。つまり、**仕事全体によりスピーディな実行（D）と改善（A）が求められているのです。**

また、たった一度の実行と改善（DA）では、仕事全体を修正することなどできません。すなわち、**できる限り何度も「DA・DA・DA」と繰り返したほうがいいのです。**

当たり前の話ですが、スピードを上げれば回転数が上がりますから、それだけ精度が上がり、付加価値もアップすることになります。

時代に即した〝修正主義〟でアップデートして、スタバはスタバになりました。

一例として、スターバックスの話をしておきましょう。

くつろげる席、長居できる環境、禁煙、カジュアルだけれど行き届いた接客。今となっては世界中、どこへ行っても同じスタイルのお店を目にすることができますが、最初から〝あのスタバ〟だったわけではありません。

1971年、アメリカで生まれたばかりのスターバックス（当時スターバックス・コーヒー・ティー・アンド・スパイス）は、完璧にイタリアン・スタイルのコーヒーショップでした。店員は蝶ネクタイを締め、店に椅子はない。イタリア・オペラが鳴り響くなか、客が葉巻を片手にエスプレッソをくいっと飲んで立ち去る……。そういうイメージでお店がつくられていたのです。

しかし、それではお客さんが集まらないので、何度も何度も改善された結果として、今のようなスタイルに落ちつきました。待ち合わせにもミーティングにも使いやすく、携帯やパソコンの電源まで取れるお店に変化し続けてきたわけです。

禁煙、電源、Wi-Fi環境などは、健康志向や急速なモバイルの普及に伴う時代の変化に対応したものですから、DA・DA・DA（実行・改善のリズム）が素早かったことも、スターバックス繁栄の要因だと思います。

最初から正解の姿があり、そこに向かってまっすぐに進んできたわけではなく、修正主義でアップデートし続けた結果として今があるのです。

すべては最初から設定されたゴール（正解主義）に向かう努力ではなく、繰り返しの改善（修正主義）によって進化を遂げたこと。これを知らない若者はたくさんいます。

物心ついたときから完成品をいやというほど目にしてきた世代は、常に完成品という正解があると勘違いしやすいのです。しかし、コンピュータも携帯電話も新幹線も、すべての商品は修正し続けた結果としてようやくその形になり、今も変化し続けています。

正解が出るまで100回の会議を積み重ねるのはムダ。
まずは小さく始めてしまってから、100回修正を続ける。
この姿勢こそ、市場に受け入れられる商品にスピーディにたどり着く王道です。

今日一つ改善したら、明日もう一つ改善する。1年365日、毎日改善し続ければ、300以上の改善ができます。3年続ければ、1000以上よくすることができます。これだけ改善できれば、会社でも学校でも、商品だってサービスだって、よくならないわけがありません。

こういう感覚で改善の〝癖〟がつけば、どんなものでも付加価値が高まり、利益も自然と生まれることになるでしょう。

LECTURE 4-5

一瞬で会社が変わる「シンボルのマネジメント」

「シンボルのマネジメント」で今すぐ変化を巻き起こしましょう。

「部下の意識を変えたい」という上司も、「会社の風土を変えたい」という経営者もたくさんいます。

もちろん、自分自身の意識を変革したい人もいるでしょう。

このような「変えたい」ニーズがあるとき、考えられるすべての手を打つと失敗します。

変化を巻き起こすポイントは局地戦。いろんなことをやるより、一点突破を狙うことです。


象徴的な一点を徹底して叩くことで、すべての関係者の意識がたちどころに変わる。これを私は「シンボルのマネジメント」と名付けています。

「シンボルのマネジメント」とは、リクルートの経営の根幹を成すやり方でもあります。社員の意識変革のツボとも言えます。私が知る3つのケースを紹介しておきましょう。

「人事が万事!」社員の意識をドラスティックに変えることも可能です。

1つ目のケースは、「人事を変える」というシンボルのマネジメントです。事例を説明する前に、ちょっと考えてみましょう。

例題①

あなたは会社の社長で、人事の刷新が一番の経営課題だったとします。一体、何をするでしょうか? 15秒で答えてください。

シンボルですから、答えはシンプルかつ象徴的に。あれもこれもじゃダメなんです。いかがでしょう?

「正月に全社員を集めて、訓示を垂れる」とか「社内報で人事に対する考えを書く」というのではあまり効果がありません。あとからやるいくつかの〝手〟の一つではあるでしょうが、一つのアクションでガラッと社員の意識を変えるものではない。
「人事や採用の予算を増やす」とか、「いくつかのビルに分かれている部署を、すべて本社に集約する」など、いろいろなことが考えられますが、いささかパンチに欠けます。

リクルートがやったのは、「一番優秀な営業課長（所長）を、採用・人事担当者にする」という思い切ったものでした。営業所長のコンペでナンバーワンになった一番営業力のある人を、その年から採用課長、あるいは人事課長に据えてしまうのです。

ナンバーワン営業マンは全社員が注目する〝できる人〟ですから、その人事を見たとたん、みんな「これからは採用や人事が大事なんだ」と気がつきます。すると、ツボを押して一点突破したかのように、一瞬にして社員の意識が変わるのです。

2つ目のケースは、「ハイレベルな技術者を採用する」というシンボルのマネジメント。人事の場合は優秀な営業課長（所長）を人事の責任者にすることができましたが、優秀な技術職となると、このやり方はちょっと違う気がします。では、考えてみましょう。

例題②

あなたは会社の社長で、「ハイレベルな技術者の採用」が一番の懸案だとします。一体、何をするでしょうか？　15秒で答えてください。

これもいろいろな施策が考えられると思います。「予算を技術本部に集める」「有名な建築家に依頼し、最新設備でデザインセンスのいい研究所をつくる」などということで、優秀な技術者を自社に引っ張って来るやり方もあるかもしれません。

例によって正解はありませんが、リクルートの場合の「納得解」を書いておきましょう。

1985年、リクルートは日本ではまだ誰も使っていなかった、クレイ社のスーパーコンピュータを導入しました。当時は超がつく最先端機種。30年前は今のように、〝パソコンやスマホを誰もが持っている〟という時代ではありません。

にもかかわらず、リクルートは1台10数億円のマシンを2台も買い、大胆にも特殊なオレンジ色に塗ってしまいました。その頃、リクルートのチーフデザインオフィサーは、1964年の東京オリンピックのエンブレムやポスターも手がけた亀倉雄策《かめくらゆうさく》さんだったので、彼が〝シンボルカラー〟を具現化してくださったというわけです。

「リクルートが日本にいまだかつてない、最先端のスーパーコンピュータを入れた！」

このニュースは瞬く間に、日本中のトップレベルのコンピュータ関係者に広まりました。企業の研究所の所長や、大学教授といった人たちです。

東大だろうと東工大だろうと阪大だろうと、工学部のコンピュータの研究室ではスーパーコンピュータを使いたくてたまらないので、教授たちがリクルートに集まってきます。すると理系の優秀な学生の意識が変わります。それまで就職先としてＮＥＣや富士通やＩＢＭしか興味がなかったのに、「リクルートが最先端のスーパーコンピュータの研究をするらしい」ということで続々と志望者が集まり始めたのです。

実際、スーパーコンピュータ導入後、東工大のコンピュータ関係の学生のおよそ半分が就職先としてリクルートを志望し、教授会で大騒ぎになりました。30億円を超える投資を、当時のリクルートの経営者だった江副浩正《えぞえひろまさ》さんは「採用費」としてとらえていたのです。技術者を惹き付ける強烈なＰＲでした。また、買った瞬間、新聞の一面を飾ったわけですから、企業ＰＲの役割も果たしていたでしょう。

大騒ぎになるようなことを仕掛けなければ流れは変わらないし、大騒ぎになるようなことこそ、社員の意識を変革する〝シンボルのマネジメント〟になり得るという例です。

「開けゴマ!」の教育改革。
インパクトのあるアクションでも意識は変わります。

ケースの3つ目は、私自身が杉並区立和田中学校で行ったことです。例題として考えてみてください。

例題③

あなたは教育改革を志す人で、
自分が生活する市町村で初の民間校長になったとします。
自分が赴任した学校をオープンにし、
子どもたちにいろんなチャンスを与えたい。
そのために最初にやるアクションは何でしょうか?
15秒で答えてください。

いかがでしょう？　どんなアクションをすれば、一発で「学校が開かれた！」という噂が、生徒、先生、保護者、地域に、あっという間に広がるでしょうか。

入学式や就任の挨拶で、「これから学校を開きます」と言っただけで通じるでしょうか。あるいは、学校案内のパンフレットや学校ニュースに、「これから私は学校を開きます」という挨拶を掲載すれば通じるでしょうか？

インパクトのあるものを考えると、たとえば〝学校のお金〟をすべてオープンにするというやり方があります。300人ぐらいの学校だと、生徒1人当たり100万円の税金がかかっていますから、3億円ぐらいの予算になります。それを何に使っているかを全部オープンにすれば、公立の場合、相当なインパクトがあるでしょう。実際には教員の人件費で7〜8割になるのですが。

とにかく外に出て行って、自治会長や商店会長と飲みまくって、自分のやりたいことを地域にオープンにするというやり方もあるかもしれません。

実際に私がやったのは、着任早々にこう宣言するというアクションでした。

「これから校長室を常にオープンにします。本も漫画も用意しておくから、いつでも遊びに来てください」

この〝シンボル〟がひらめいたのは、学校をザッと観察していたときのことです。「学校全体が閉じている」と感じました。**とりわけ象徴的なのが、いつもドアが閉まっている校長室だと考えたわけです。**

私が宣言した日の昼休みには、3年生のおませな女の子がさっそく探りに来ました。どんな本や漫画が並んでいるのか、校長はどんな人なのかを確認しに来たわけです。

こちらがちょっとフランクに話をしたことで、口コミが生まれます。その子が「校長はちょっと面白い」と友だちに伝え、その友だちがまた友だちに伝える。私の就任は2003年でしたが、今であればSNSでさらに広まったかもしれません。生徒たちは親にも伝えますから、あっという間に「校長室はオープン」という話が広まり、一時期は昼休みになると、20人ぐらいの生徒が校長室で漫画を読んでいる状態になりました。

また、「壊れたコンピュータをめちゃめちゃに壊す」というイベントも校長室でやりました。

私の世代には、置き時計が壊れると、親に頼んで分解させてもらったものです。ノーベル物理学賞受賞者の小柴昌俊《こしばまさとし》先生も同じことをしていて、それをきっかけにモノの構造や理科に興味を持ったというお話を伺ったことがあります。

その現代版として、中学生にコンピュータを壊させてあげたのですが、最後には黄金色に輝くチップが出てきます。「先生、もらっていいですか?」という生徒がいたので承知したところ、大切そうに持って帰りました。あとから聞いた話ですが、その生徒は中学を卒業するまで、黄金色に輝くチップを神棚に上げて拝んでいたそうです。それで理科系に進んだかどうか分かりませんが、強烈に印象に残ることだったのでしょう。

校長室というのは本当に閉ざされたもので、普通の人はほとんど記憶にないはずです。あるとすれば、何か〝やんちゃ〟して怒られた経験のある人ぐらいでしょう。校長室に呼ばれてドアを開けたら、中でお母さんが泣いている（笑）というイメージです。

そんな閉ざされた空間を、「逆転の発想」でポジティブなことに使えないかと考えていくと、目に見える変化を生み出す絶好の「場」になった。**一つのシンボルとなるアクションをきっかけに、学校自体が開いていくという「開けゴマ」現象が起こったケースです。**

一瞬でみんなの意識を変える〝シンボル〟となるものは何か？　あなたの会社にとってスーパーコンピュータや校長室に代わるものは何なのかを、考えてみましょう。

補足として強調しておきたいのは、演出を効かせるためには、会社のビジネスシステムがしっかりしていなければならないということ。リクルートの場合も、〝儲かる構造〟がしっかりしているから演出にお金をかけることができたのです。

図20
シンボルのマネジメント

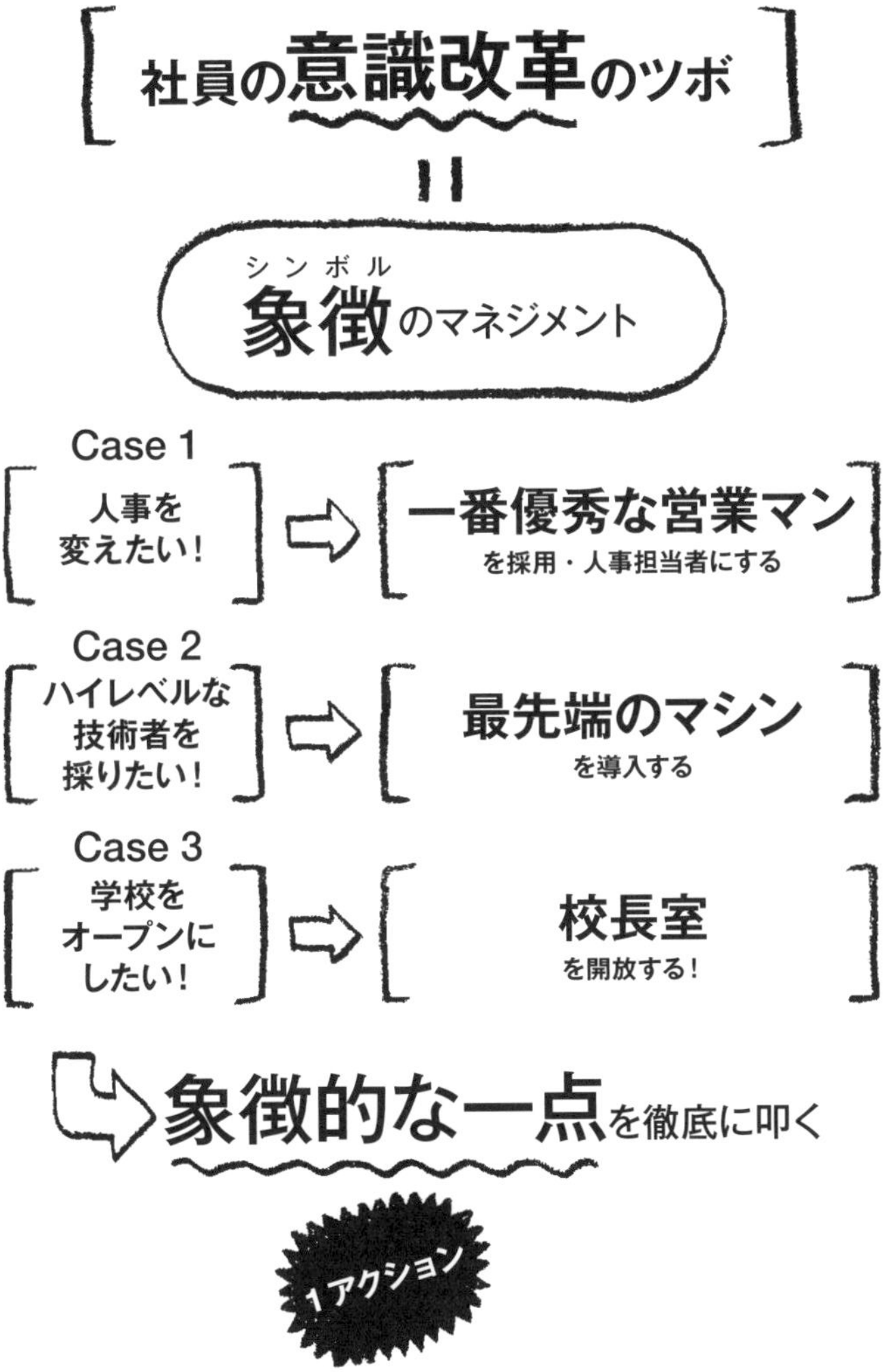

LECTURE | 4-6

上下の壁を越えるコミュニケーションを創り出す

「人望があるリーダー」と「発言する若い社員」。この2つを揃えるには、どうしたらいいのでしょう?

マネジメントについて考えるとき、しばしばコミュニケーションを隔てる〝壁〟の存在が問題にされます。それはまた、上司と部下の間に立ちはだかる〝壁〟です。

「うちの社長はリーダーシップがない」「部長は人望がない」

とグチをこぼす部下。

「若い社員は指示待ちだ」「自分の意見を言わない」「消極的だ」

と悩んでいる上司。

本書で紹介したようなやり方で組織のコミュニケーションレベルが上がっていけば、アイディアがどんどん出て、イノベーションが日常的に細かく起こるようになります。そうすれば、おのずと〝壁〟は崩れ去るはずなのですが、あまりにもよく言われることなので、それぞれの悩みについての原因と解を述べておくことにしましょう。

人望があるリーダーは、「3つの資質」を体現しています。

まず、若い社員に支持され、彼らとコミュニケーションをとりながらマネジメントできるリーダー像とは、どのようなものか？　その解として、「人望がある経営者の条件」をまとめてみました。

条件その①　「真摯《しんし》さ」があること。

かのドラッカーは、「真摯さこそ、一も二もなく経営者にとって一番大事な資質だ」と繰り返し述べています。

ドラッカーといえば、岩崎夏海《いわさきなつみ》さんの『もし高校野球の女子マネージャーがドラッカーの『マネジメント』を読んだら』（ダイヤモンド社）が一大ブームを巻き起こし、広く一般に知られるようになりました。もともと経営者やビジネスパーソンの間ではドラッカーといえば経営学の〝神〟であり、ユニクロの柳井正《やないただし》さんも〝信奉者〟の一人です。江副浩正さんもたびたび引用していました。

そんなドラッカーが、「真摯さが一番大事だ」と述べているのですから、胸に刻み込んでおいて損はないでしょう。真摯さとは、誰よりも真面目で、ひたむきに物事に取り組む姿勢です。日常的にどのような取り組み方をしているのか、従業員も取引先もしっかりと見ているものです。

条件その② 「仕事の出口」を考えていること。

本書で述べてきたとおり、すべては猛スピードで変化しています。そのスピードに対応していくのも、人望がある経営者の条件です。

たとえば、起業してマーケットを開拓したあと、状況が変化しているにもかかわらず、いつまでも同じところに居座っている。次の段階に入ったら誰に任せるべきかを考えていない。経営者がこんな状態では、せっかく懸命に取り組んできた仕事が出口をなくして、組織は行き詰まってしまいます。

特に、創業社長のスタートの仕事は「先頭を切って会社を形づくること、成長させること」ですが、永遠にこのスタンスのまま変わらないのは問題です。やがて、しっかりと利益を出す段階へと移行したなら、それに合わせて働き方も変えていかなければなりません。社長がいつまでも過去の自分の役割に執着していたら、「仕事の出口」を考えていないことになります。

創業経営者の率いるオーナー企業とサラリーマン経営者の企業では異なる部分もあるでしょう。しかし、サラリーマン経営者の場合でも、「何を成し遂げたら自分は退いて次に任せるのか？」という発想を持っているかどうかで、人望に大きな影響を及ぼします。リクルートでは、そういった社長交代が非常にうまく進められていると思います。

これは部長、課長といったリーダーにも言えることです。部下を持ち、上の立場になったのなら、これまでの働き方を変えなければなりません。自分が大事に握りしめて必死で走ってきたとしても、いずれは〝仕事というバトン〟を手渡す人を決めておく。これができてこそ、人望も生まれます。


条件その③「参画性」を高めること。


ちょっと四角張った表現ですが、社員一人一人が参画性を高めて、それぞれ「自分の会社なんだ」という意識が高まれば、経営者の人望も厚くなります。

オーナー経営者はしばしば、「僕は従業員第一主義だ！」なんてことを言いますが、口先だけのものであっては意味がありません。たとえば、株主構成を見ると同族支配で、従業員持株会がない会社だったとしたらどうでしょう？　社長にいくら「従業員第一主義だ」と言われても、信用するのは難しいのではないでしょうか。

社員を心から大切だと感じ、一人一人の人生について〝真摯さ〟を持って考えるなら、従業員持株会があってしかるべきだと私は思います。会社で働くみんなの力で利益が出たなら、それを共有し、資産も分け合おうと考えるのが健全な発想です。

社員の力を最大限に引き出し、「ベクトルの和」の法則で業績を伸ばしたいのなら、持株会は非常に大切な要素ですし、リクルートに優秀な人材が結集した秘密の一端も、そこにあります。リクルートでは一時期、従業員持株会が4割近くの株を持っていました。今でも十数%から20%近くは、従業員持株会の所持する株が占めています。

こうした現実を前にすれば、社員は気持ちや言葉だけでなく、〝実感として〟自分の会社だと思えるものです。

条件その① 「真摯さ」があること。
条件その② 「仕事の出口」を考えていること。
条件その③ 「参画性」を高めること。

いかがでしょう？　あなたの会社の経営者は、この3つの資質を持っているでしょうか？　もしもあなた自身が経営者であるなら、真摯に自問してみましょう。

「自分には人望を集める資格があるのか？」と。

図21
人望ある経営者の条件

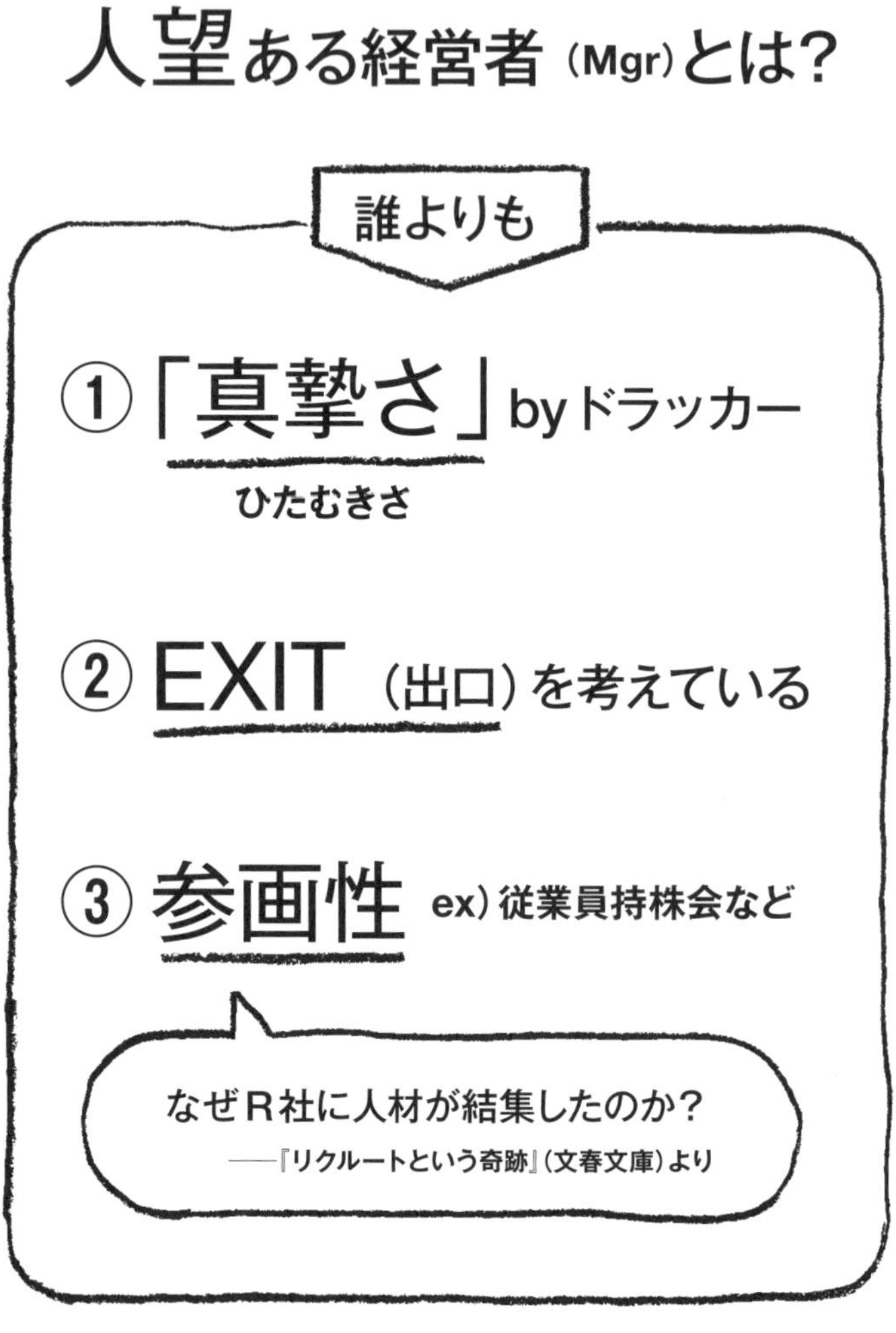

人望ある経営者（Mgr）とは？
誰よりも
①「真摯さ」byドラッカー
ひたむきさ
②EXIT（出口）を考えている
③参画性 ex）従業員持株会など
なぜR社に人材が結集したのか？
——『リクルートという奇跡』（文春文庫）より

自己肯定感の低い若者を生み出したのは、私たちがつくった今の社会なんです。

次に、なにかと指示待ちで、アイディアの提案にも消極的な若い社員について考えてみます。彼らに活躍してもらいたいリーダーのために、一つの解を述べましょう。

若い人たちが〝沈黙〟する理由は、セルフエスティーム（自己肯定感）の低い人が多いから。

今の若い人は「自分の未来は明るい」といったポジティブな感覚がなかなか持てず、自分に自信がないので意見も出しづらいのです。また、「自分が傷付きたくない」という気持ちが強いために、「相手を傷付けるのも怖い」という感覚を強く持っています。

本来、コミュニケーションというものは相手を傷付けるリスクを伴うものです。そのリスクを避ける若い人たちは、たとえ友だち同士であっても、TVドラマやタレントの話など、あたりさわりのない軽い会話しかしないことも珍しくありません。コミュニケーションというより、独り言の応酬になってしまっている。

社内コミュニケーションを活性化するためにも、あなたがリーダーとしての役割を果たすためにも、若い人のセルフエスティームを高めてあげましょう。そのためにまずは、なぜ低くなっているのかという原因を知っておいてください。

発端は日本社会の核家族化、少子化にあります。それと同時に地域社会が後退したために、親と子の密着度がぐんと増しました。兄弟やご近所さんとの接触が少なくなった分、親が直接的に関わる比重が増えたというわけです。

団塊の世代では、1学年200万人以上の児童・生徒がいたのに対し、いまや100万人足らず。クラスの人数が減れば、自然と生徒たちに対する先生の目が届きやすくなります。これは生徒の側から見ると、「どんな行動も見逃されない」という息苦しさでもあります。

親や教師という「縦の関係」での密着度が強まると、上から指摘されることが多くなります。親からは「早くしなさい」「ちゃんとしなさい」「いい子にしなさい」と言われ、靴を履くのに手間取るだけでも怒られたりする。大人から見れば子どもが至らなく見えるのは当たり前なので、どうしても「○」より「×」をもらう機会が増えることでしょう。

皮肉なことに、親が子どもに熱心であればあるほど、ちゃんと教育しようとすればするほど、そして兄弟が少なければ少ないほど、親からのダメ出しが直接、子どもに届くことになってしまいます。これは学校でも同じで、熱心で意欲がある先生ほど「何とかしたい」という思いが強いから、その思いゆえにダメなところを厳しく指導することになるのです。

こうして家庭でも学校でも「×」をもらうことが増えた子どもは、自分を肯定する感覚が低い若者へと成長してしまいます。これがセルフエスティームの低い若者を生む構造です。

沈黙する若者は、突然変異のごとく湧いて出たわけではない。この社会をつくった私たち大人が生み出し、育《はぐく》んだのだと知っておいたほうがいいでしょう。

自分を肯定できない、セルフエスティームが低い若い人を支えるためには、〈LECTURE 2〉で述べた「ナナメからのコミュニケーション」が有効です。日本では昔から、「ナナメの関係」がとても大事にされてきました。親ではなく、お兄さん、お姉さん、おじさん、おばさん、おじいちゃん、おばあちゃんなど、「利害関係のない第三者」からサポートを受けて、知らぬ間に癒やされたり、励まされたり、勇気づけられていた。

若い人たちが、縦の関係としての上司・部下、横の関係としての同僚だけではなく、「ナナメの関係」

の先輩・後輩といった存在とコミュニケーションをとれるようにしましょう。そのような存在が〝メンター〟という役割を担い、会社全体のコミュニケーションレベルを豊かにする鍵になるのです。

若い人たちのセルフエスティームが高くなれば、意見も活発に出るようになります。

「ナナメの関係」を復活させることは、会社の組織のみならず、日本の社会全体に広がる根源的な問題を解決する一つのアプローチでもあります。

図22
若い社員を活発にするナナメのコミュニケーション

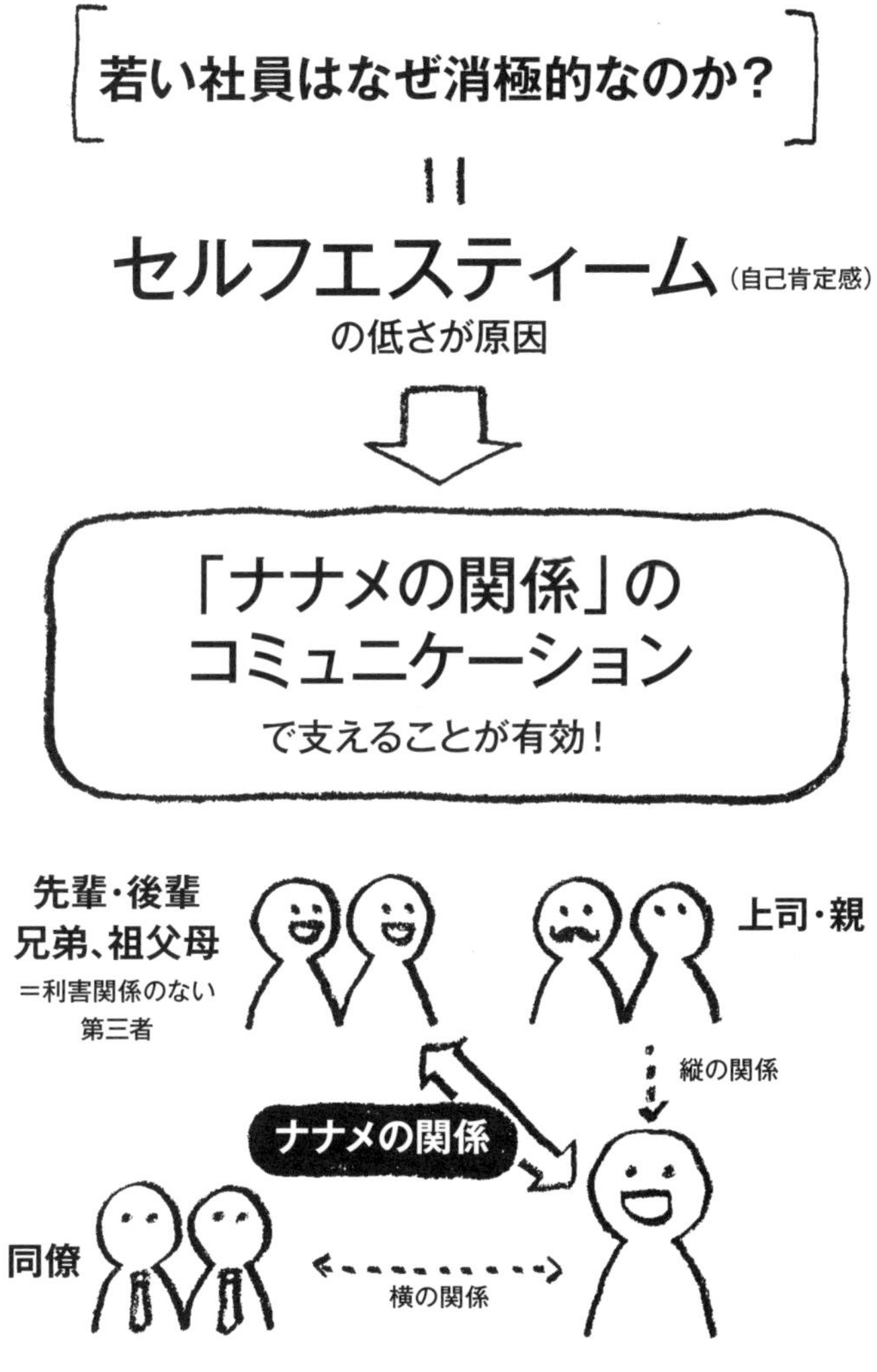
若い社員はなぜ消極的なのか？
＝
セルフエスティーム（自己肯定感）
の低さが原因
「ナナメの関係」の
コミュニケーション
で支えることが有効！
先輩・後輩
兄弟、祖父母
＝利害関係のない
第三者
上司・親
縦の関係
ナナメの関係
同僚
横の関係

LECTURE 4-7

「富士山型」から「八ヶ岳型」へ。21世紀の人生のエネルギーカーブを描こう

「エネルギーカーブ」で人生の棚卸しをしましょう。

〈LECTURE 4〉の締めくくりとして、人生のマネジメントについて考えてみましょう。

そのためには、**人生の「エネルギーカーブ」を描く**というトレーニングが有効です。

まず、縦軸と横軸からなるグラフの枠を、横長に描いてみてください。

横軸は「人生のライフサイクル」です。そう考えると、真ん中あたりは平均寿命からいって40代ということになります。

縦軸は「エネルギーレベル」です。エネルギーレベルとは、知力・体力・精神力の総合力と考えてもいいし、モチベーションのレベルと考えてもいいのです。

一番左下には〝生〟の字を、一番右下には〝死〟の字を書きましょう。グラフに〝死〟などと書くのは縁起でもないと思うかもしれませんが、いきいきとしたライフデザインを考えるためには、死というものをきちんと見据えることが不可欠です。

ここにどのようなエネルギーカーブを描くか、詳しくは『坂の上の坂』（ポプラ社）で説明していますので、そちらもあわせて参考にしてください。

左ページの図23をご覧ください。私の場合で説明してみましょう。

まず生まれてから小学生までは、すごくエネルギーカーブが上がっていきました。

近所のお兄さん、お姉さんたちと一緒に木の上に基地を作ったり、野球に熱中したり、めくるめく遊んでばかりいました。


状況が変わったのは、小学校高学年の頃。1968年のメキシコシティオリンピックで大活躍した釜《かま》本邦茂《もとくにしげ》選手の影響を受けて野球少年からサッカー少年に変身したのですが、なんと中学校にはサッカー部がなかったのです。ここで私のエネルギーカーブはいったん〝谷〟を描くことになります。

間違って剣道部に入りましたが性に合わず、エネルギーをぶつける対象が見つけられません。

中学生にありがちなパターンで、「ちょっとワルぶるのがカッコいい」と勘違いして、がらにもなく悪い子をアピールしていた頃でもあります。

図23
人生のエネルギーカーブ（筆者の場合）

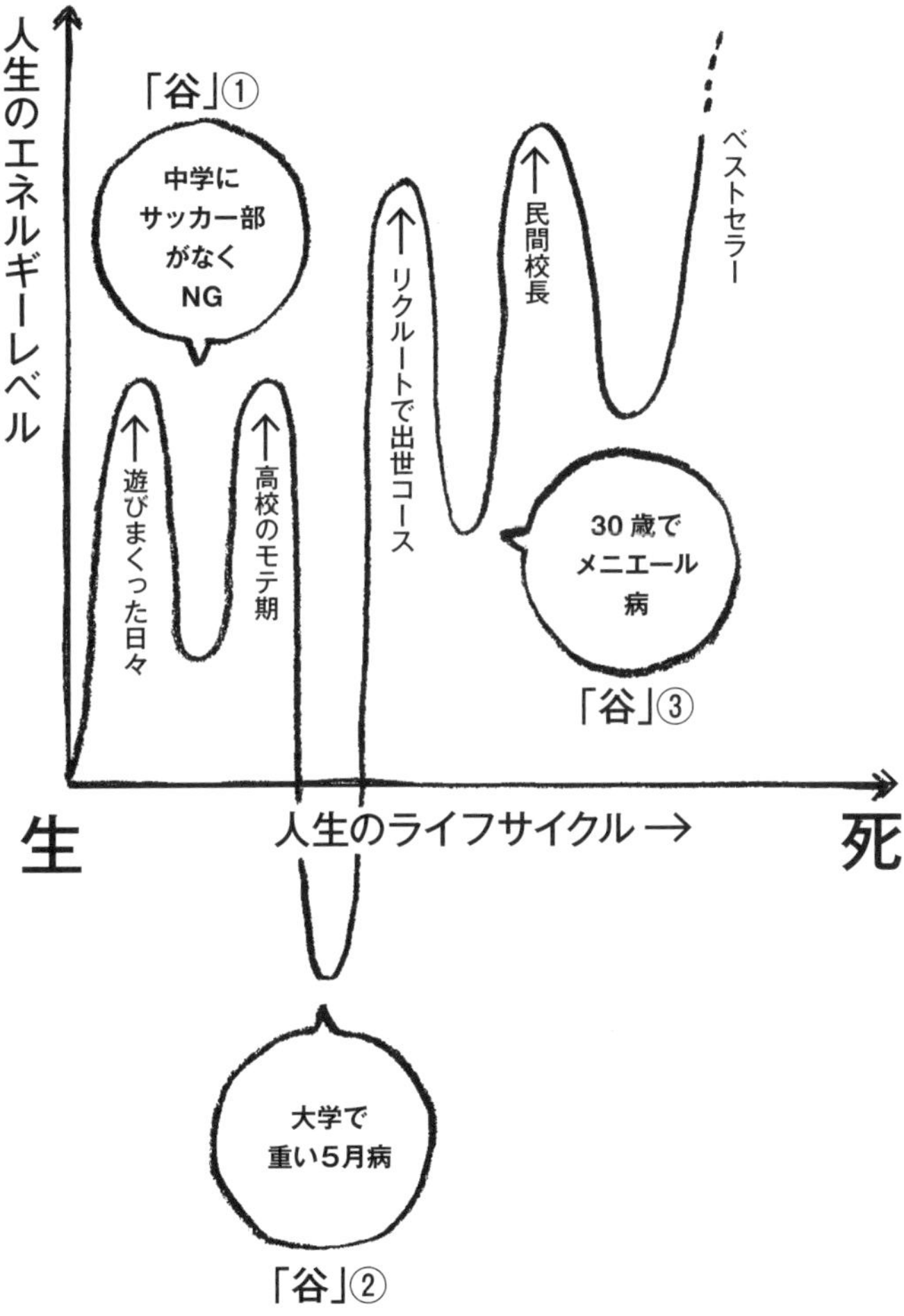

高校になると、エネルギーカーブは再び上り調子。バンドを組んでビートルズを演奏し、リードボーカルだった私は〝モテ期〟に突入。俄然盛り上がります。

それが大学に入るやいなや、下の下まで急降下。今にして思えば、重い五月病でした。大学合格を果たしたことで目標を見失い、授業にも出ずに引きこもってしまったのです。運転免許を取りに行くために外に出始めたのが、助かったきっかけだったと思います。

不安定だった学生時代をなんとか乗り越え、リクルートに入社してから、私の〝山〟はぐいぐいと盛り上がり、出世コースに乗っていたはずが、30歳でまたずっしりと凹みます。

原因は〈LECTURE 3-4〉の「マイナスモードの自分プレゼン」で紹介したとおり、メニエール病。役職も上がり、年収も高まっていたところで、心身症の一種にかかってしまったのです。

日曜日に寝ていたら、寝返りを打つときに天井がぐるんと回って見えました。「絶対におかしい」と病院に行ったものの原因が分からず、分からないことにいっそう不安が募ります。ようやく内耳性の問題ではないかと診断された頃には、かなり消耗していました。

その後、リクルートを離れ、民間校長としてもうまくいったことで山が上がったり、ベストセラーを出したことで山が上がったり、やりきれない出来事があってボンと谷底に落ちたり。山あり谷ありの私の人生は、こうして今に至ります。

さて、あなたもやってみてください。このトレーニングについては、「15秒で！」とは言いません。

例題①

「エネルギーカーブ」を描いてみましょう。
小さい波にあまりこだわらず、人生の山と谷を描きます。
自分の人生を一度〝棚卸し〟してください。

「エネルギーカーブ」の山も谷も、あなたの人生の資産です。

いかがでしょう？　棚卸しをしてみると、自分の人生の谷となる部分が深ければ深いほど、それは反転し、その後の人生に大きな影響を与えていることに気付くのではないでしょうか。
〈LECTURE 3-4〉で述べたとおり、失敗・挫折・病気といったマイナスモードの経験を乗り越えてきた自分をあらためて意識し、他人に面白おかしく話せるようになれば、それは人を惹きつけるために有効な、自分の〝資産〟となります。

山の部分で得た成功も、もちろん資産です。しかし、自分の自慢話ばかりしているようだと人は離れていき、やがて寂しいオヤジ・オバサンになってしまうでしょう。

そうならないための私のお勧めは、エネルギーカーブの図をもとに、上司から部下へ、親から子へ、自分もまた〝正解の束〟ではないという話をすること。いろんな谷を乗り越えて今があるのだということを分かってもらえば、人間味が滲《にじ》み出し、人望も厚くなるものです。

自己肯定感が低い若い人が「自信満々の部長も凹んだことがあったんだ」と励ましを得ることにもなるでしょう。

ぜひ人生のエネルギーカーブを見直して、マイナスモードの自分を確認し、それを豊かに話せる人になっていただきたいものです。

30〜40代がピークの「富士山型一山主義」。
そんなの、明治時代の人生観ですよ。

会社というのは不思議なところです。仕事をする場でありながら、人生の大半を過ごす場でもあります。経営者であってもヒラ社員であってもそれは同じです。

これからの人生をマネジメントし、信任（クレジット）の三角形の頂点をつくるために、エネルギーカーブの図を用いて会社と仕事について考察してみましょう。

私が人生の何たるかまで教えられるとは思いませんが、経営者にもビジネスパーソンにも役立つ、「人生の後半を活力あるものにするための知恵や視点」があるので、それを紹介していきます。

社会が成熟した今の時代は、私たちのおじいちゃん、おばあちゃんたちが生きていた「坂の上の雲」の時代（明治時代）ではなく、「坂の上の坂」の時代です。それなのに私たち日本人の人生観というのは、実はまだ明治期を生きた人たちの人生観にとらわれすぎているようです。まずはそこを見直さなければ、人生が開かれません。

どういうことか、再びエネルギーカーブの図を描くことで確認していきます。

例題②

人生の山と谷を、ざっくりと、より大きくとらえてください。
どう勢いが増して、どう勢いがなくなるのか、
エネルギーカーブを描きましょう。
先ほど描いたエネルギーカーブよりも、
もっと大まかに全体像を描くイメージです。

こうして「人生の大きなエネルギーカーブを描いてください」と言うと、たいていの人が真ん中を頂点とした山を一つ描きます。私はこれを「富士山型一山主義」と呼んでいます。

「30代、40代と脂が乗っていき、ピークを過ぎればあとはもう下るばかり」

こんな人生観を持つ人は少なからずいます。この人生観は「坂の上の雲」世代の人たちならばよいのですが、今を生きる私たちにはふさわしくありません。

明治時代の人たちには山頂にビジョンや夢といった「雲」がありました。頂上の40代に向けて山を駆け登り、一仕事をなし得たところで寿命が来て、人生の終わりを迎えたのです。

図24
複線型のエネルギーカーブ

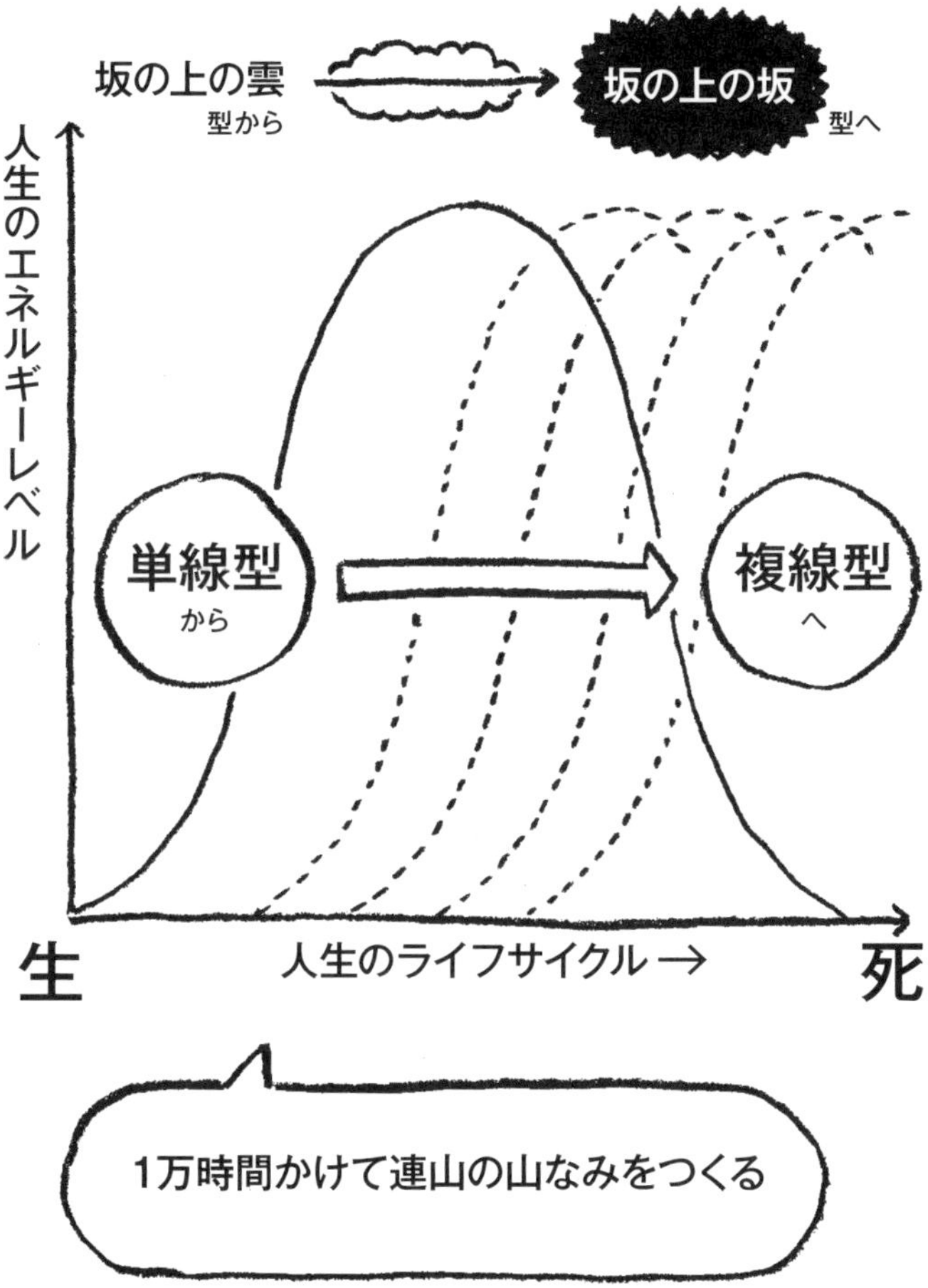

たとえば、司馬遼太郎《しばりょうたろう》の『坂の上の雲』は実話をもとにした長編歴史小説であり、明治の人たちの生き方を描いています。昭和のお父さんのバイブルと言える大ベストセラーですし、ＮＨＫでドラマ化されるほどファンの多い作品です。

ドラマで俳優の本木雅弘《もときまさひろ》さんが演じた海軍軍人の秋山真之《あきやまさねゆき》は、49歳で亡くなっています。あのドラマでいちばん格好よかった総参謀長の児玉源太郎《こだまげんたろう》は享年53歳です。正岡子規《まさおかしき》は結核を患って34歳で他界していますし、『坂の上の雲』には描かれていないものの、同時代を生きた夏目漱石《なつめそうせき》は50歳で世を去りました。なかには乃木希典《のぎまれすけ》のように60過ぎまで長生きした人もいますが、多くの兵士が山の頂点である40代で亡くなっているのです。

ところが、明治時代から現代までの１００年で、平均寿命は40代から80代まで約2倍に延びています。長寿になった現代において、「富士山型一山主義」の人生観では、後半が寂しくなるばかりです。

人生の後半にいくつものピークがある。
「八ヶ岳型」のエネルギーカーブを目指しましょう。

これからの時代は、後半からも山を重ねる生き方が求められます。

「坂の上にまた坂があってはたいへんだな」と考えるのではなく、図24に示したようなかたちで、富士山のピークが下がったあとに小さな山をいくつも用意すると考えてみましょう。私はこれを「八ヶ岳型連峰主義」と呼んでいます。

富士山と八ヶ岳にたとえましたが、「坂の上の雲」型は単線型、「坂の上の坂」型は複線型と言い換えてもいいでしょう。

ところで、大まかなエネルギーカーブを描くとき、会社を中心に考えませんでしたか？

会社に入り、努力して偉くなり、退職すればあとは下り。転職すれば二山、三山と描くかもしれませんが、基本的に人生の山を、仕事における組織内での高低差と重ねているのではないでしょうか？

もしそうなら、人生と会社が完全にリンクしているようなものです。

これはこれで、悪いことではありません。しかし、複線型の人生においては、後半の山は組織の山ではなくなり、コミュニティの山にしたほうがもっと人生が豊かになることに気づいてください。

山の高さはコミュニケーションの量、山の豊かさはコミュニケーションの質です。

後半に見据えたいくつもの山は、頂上だけをぴょんぴょんと渡れるかというと、そんなことはありません。たとえば八ヶ岳の景色を横から見れば、確かに頂上だけが並んだ連山のように見えるでしょう。

しかし、その一つ一つの山の下には、見えないところに裾野が広がっているのです。

人生の後半に見据えたいくつもの山を渡り歩くためには、主峰となる仕事だけを見ていてはいけません。組織に属している若いときから、後半にあたる新たな連山の裾野を描き始めることが大切です。

主峰とは異なる新たな連山を、30代、40代だったら4つぐらい描いていいと思いますし、50代だったら5つぐらいの人生を生きていい。

連山をつくるとは具体的にどういうことかといえば、地域社会における自分の足場を築いたり、子どもの学校で交流を深めたり、あるいは被災地支援のコミュニティに参加することがそれに該当します。

あるいはプラスモードの趣味を生かして、自らコミュニティを立ち上げてもいい。今どきネットで調べれば無数のコミュニティが存在していますから、そういったものに参加して育てていくこともできます。

「趣味なんてないし」と言うのなら、今から趣味を持ったっていいのです。**1万時間かければ、山の上部まで登ることができます。**新たな連山の頂上ができるのは5年後、10年後、20年後かもしれませんが、後半の人生はいっそう豊かなものになるでしょう。

複線型の意識を持てば、単に「自分の会社に尽くす」というのではなく、広い視野で物事を見ることができるようになります。人的なネットワークも広がるはずです。

すると思考は柔らかくなり、多くのイノベイティブなアイディアが生まれ、結果として本業である「会社の仕事」への貢献にもつながるのです。多様な山から流れ込む川の水のように、さまざまなアイディアが社外の多様なリソースから流れ込めば、会社もより豊かになります。

八ヶ岳型のエネルギーカーブを描く社員がたくさんいて、縦、横、そして「ナナメ」というように豊かにコミュニケーションを育てる組織は、時代を超えて伸びていくでしょう。そういった社員を育てるリーダー、そういった組織をマネジメントする社長は、人望を集めます。

社員それぞれ一人一人の人生が、複線型のエネルギーカーブを描くこと。

それが一人一人の仕事の成果と人生の豊かさにつながります。ひいては、会社全体の成果と社会の豊かさにつながっていくのです。

21世紀という、「正解」のない時代を
したたかに生き抜くために。
情報編集力を核として、
信任（クレジット）の三角形をつくり上げる
方法についてお話ししてきました。

私の授業は、これでおしまいです。
でも、あなたの人生の信任（クレジット）の
三角形をつくる旅は、ここから始まっていきます。

最後に、私自身の
これからの「挑戦」についてお話しし、
旅立つみなさんへの
はなむけの言葉とさせてください。

LAST LECTURE

あとがきにかえて

信任（クレジット）の〝ピラミッド〟をつくる私のチャレンジ

奈良に移住することにしました。
1300年の歴史がある藤原氏の氏寺、興福寺《こうふくじ》・猿沢池《さるさわいけ》のほとりです。
東京の大地震が怖いから、ではありません。
そろそろ現場に戻りたいと考えていました。

杉並区立和田中学校の民間校長としての勤めは5年間でしたが、今度は、高校の校長をやります。
2015年9月1日、朝日新聞の一面を飾ったニュース「生徒のスマホ 授業に活用」の発信元である奈良市長からの依頼で、奈良市教育委員会、奈良教育大、そしてリクルートとともに市立一条高校の改革をやります。2年間のショートリリーフで生徒たちの思考力・判断力・表現力を引き出し、65年前、この学校の創設時に掲げられた「フロンティア精神」を蘇らせる計画です。

義務教育改革を本業とする私が、なぜ高校の校長をやるんでしょう？

文部科学省の用語では「入試改革と高大接続」と呼ぶのですが、今、教育界が大きく変わろうとしています。ひとことで言えば「みんな一緒の記憶力偏重」の教育から「それぞれ一人一人の思考力重視」の教育へ、という流れ。

なぜなら、成長社会が終わって成熟社会に入ったことで、実社会にはたった一つの正解があることが少なくなり、正解のない課題を試行錯誤の中で解いていかなければならない時代が来ているからです。自分自身の幸福についても、流れに乗っていれば会社がつくってくれたり国が保障してくれたりした時代は終わりました。

こうした正解のない時代には、一人一人がユニークな幸福論を持ち、自分の意見と人生観を持って生きていかなければならない。本文でも述べたように、人生の豊かさは、いかにみんなと一緒の標準より上かではなく、その人の持つ「希少性」で決まるようになります。

だから、大学入試はもはや従来型の知識偏重ではだめだし、大学だけでなく高校のカリキュラムも、思考力重視のアクティブ・ラーニング（生徒が主体的に学べる「よのなか科」的な授業手法）に変えていこうとしているのです。

私がその見本を見せ、日本中に波及させる一翼を担います。

「三角形」は生きている限り変わります。

思えば、私が教育界に転じたのは47歳。いくつもの偶然が重なった結果でした。

少なくとも、その2年前には「民間校長」の「み」の字もイメージしていませんでしたし、ましてや、中学高校時代を含め、先生と呼ばれる職に就こうとは思ってもみませんでした。国家公務員の父に反発して、正反対の極にある潰れるかもしれない中小企業・リクルートに、風土がいいというだけで入社したのですから。

しかし今では、**教育改革は、間違いなく私のライフワークとなっています。**


「20代（営業とプレゼン）×30代（リクルート流マネジメント）」で1万人に1人の希少性を持てた時点で、私は会社を辞めました。以来インデペンデントで仕事をしています。当初はゼロから4500万円の間で年収が上下するリクルート社のフェロー（客員社員）という働き方をして注目されましたが、これをずっとやっていたら、私の付加価値は徐々に目減りし収入も減っていったことでしょう。

なぜなら、「営業とプレゼン技術」と「リクルート流マネジメント」とを掛け算できる人材は、その後もドンドン輩出されることになるからです。

ましてや、その2つに加えて「帰国子女で英語ペラペラかつ中国語も」とか「IT系バリバリでプログラミングもできる」なんていう3つ目の軸を掛け算できる若手も増えることが予想できました。

だから、40代で民間校長として打って出ることで、「ノンプロフィット分野でのイノベーション」を三角形の頂点とし、掛け算することにしました。ここでも100人に1人の校長になれたから、60歳になるまでに「三角形モデル」が完成し、「100万人に1人の希少性」を確保することができたのだと思います。

ビジネスパーソンに向けて、日本の教育で一番大事な問題を「理想論」「べき論」「机上の空論」ではなく現場目線で語れる人。校長や教育長に実践的な学校改革のマネジメント技術を教えることのできる人。市長や知事に学力向上の施策やアクティブ・ラーニングの手法を具体的にアドバイスできる人。

そうした「希少性」で、私は稼いでいます。

100万人に1人というのはオリンピックのメダリスト級の希少性で、1世代に1人のユニークさで生きていることを意味します。

三角形の面積、すなわち「クレジット（他者から与えられる信任の総量）」のおかげで多くの仲間たちに支えられ、派生したプロジェクトの成功確率も高くなってきました。また、趣味で始めたネオジャパネスクな腕時計づくりやテニスのコミュニティも豊かに育っています。

この本を書いたのは、20代、30代、40代でそれぞれおよそ1万時間をかけて三角形の軸を形づくる手法を共有するためです。3つの軸を掛け算することで、読者のみなさんにも、100万人に1人の希少性を獲得してもらいたい、と願っています。

では、50代からは何を意識したらいいのか？

私自身もずっとこの問題を自問し続けてきました。その一部は『坂の上の坂』（ポプラ社）に発表しています。単線的な人生観ではなく、複線的な人生観を持つこと。富士山型一山主義ではなく、八ケ岳型連峰主義の人生観。組織における自分より、コミュニティにおける自分を育てていくことです。

ここまでは、私自身の人生で実証されています。

さて、還暦を迎える60代からはどうなのか？

ここからは再びリスクを伴うチャレンジです。実証できるかどうか、まだ分かりません。ただ、私が仮説として持っているのは、「三角形モデル」は人生の基盤づくりに有効だけれど、ここからは「立体感」が必要なんじゃないかということ。

図25
平面的なクレジットの三角形をピラミッドにする

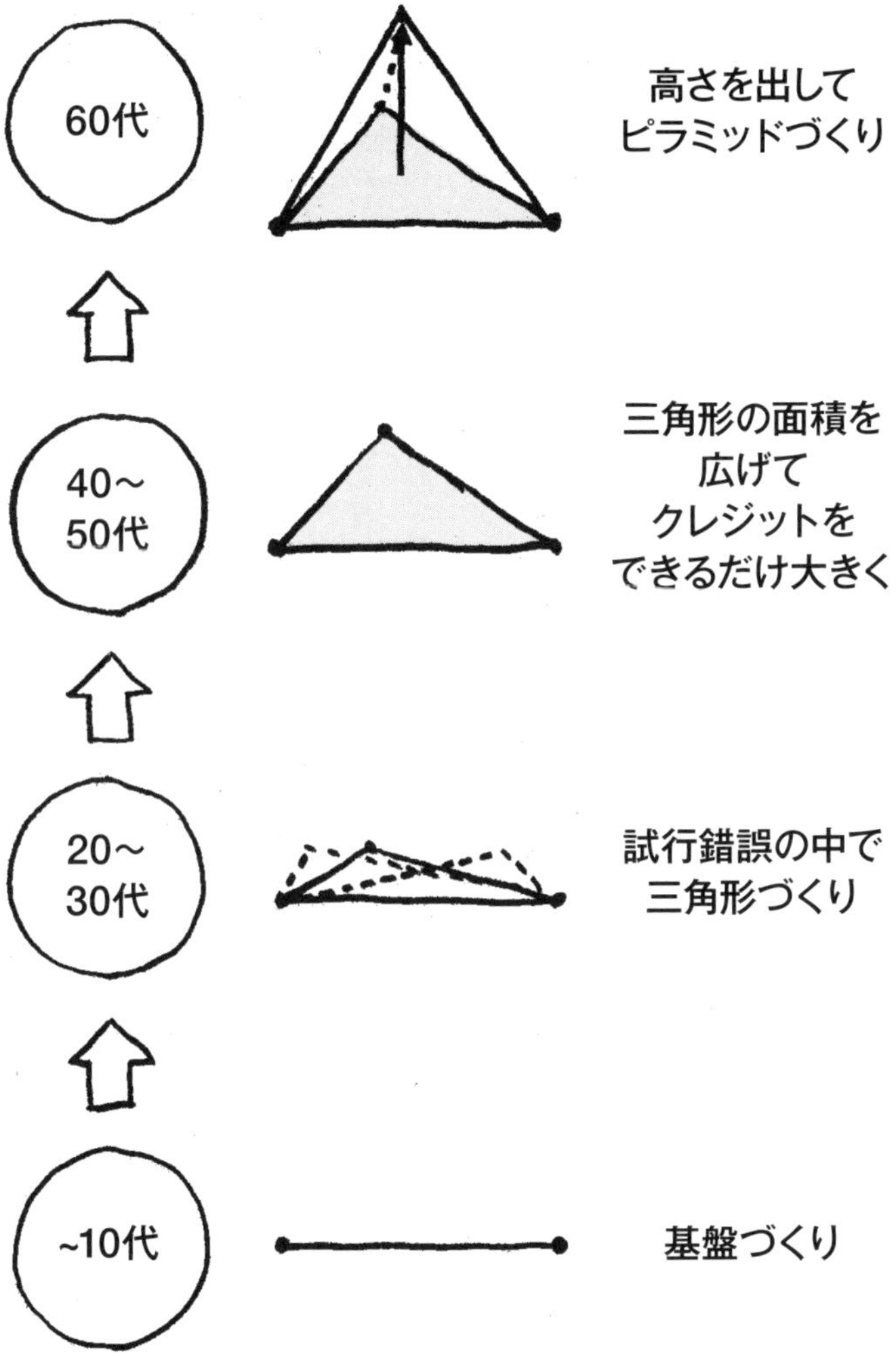

つまり、60代からは、平面的なクレジットの基盤の上に、通し柱を立てて立体を形づくることが求められるのでしょう。三角形をピラミッドにするイメージです（前ページ図25）。

この「高さ」とか「通し柱」にたとえられているものが、「志」や「理想」を掲げる精神性や哲学性かもしれないなと感じています。

自分自身の精神性や哲学性を高みに引き上げること。

もし、宗教に頼らずに、日常生活の実践を通じてこれが可能なら、やってみたいと思うのです。実際に、今後、私がやってきたことの高さが出るかどうかは、評価する他者が決めることでしょう。

アジアで、日本で。2つのチャレンジを始めます。

60代からのチャレンジは、次のようなことになります。

一つ、本業の義務教育改革を諦めず、究めること。

日本の教育界に蔓延る《はびこ》「正解主義」「前例主義」「事勿れ主義《なか》」を打倒すること。閉ざされたものを開いていくことによって、この改革を実践します。

和田中では、学校をよのなかに開きました。地域のコミュニティが学校の学習活動を支えるシステム「学校支援地域本部」はもう日本中の小中学校８０００校以上に広がっています。これによって学力が上がることも実証しました。

一条高校ではさらに進んで、教室と授業を外に開きます。ネット社会とつなげてしまうことで、生徒の知識の吸収を助けるのです。あと10年もしないうちに世界の50億人がスマホでつながる社会が到来します。世界が画像でつながる社会。２０４５年には、シンギュラリティと呼ばれる、人間の知性をコンピュータの人工知能が超える日が来ると予言されていますが、ネット上に「神」が宿る日は近いのです。知識はネット上にある。

であれば、先生の役割は、学校の役割は、どう変わるのでしょうか?

私の仮説は、学校でもスマホを怖がらず高度利用することで、先生がもっと先生らしく、人間でなければできない指導を引き出せるのではないかということ。

今回は、2年で改革の初速がついたら一条高校プロパーの先生にさっさと校長を譲るつもりです。

そのあとは、最後の御奉公で、母校・都立青山高校の校長でもやらせてくれないかなと考えているのですが、都教委のみなさん、いかがでしょうか？

2つ目、アジアに活動領域を広げます。

日本の義務教育改革の延長で、アジアの最貧国や過疎地の子どもたちにも義務教育を受けてもらう機会を提供する活動です。

ビジネス的に表現すれば、日本の義務教育スタイルをアジアの途上国に輸出するということになるでしょう。すでに、ベトナムとラオスを中心に200校の小中学校の建設実績がある日本のNPO法人「AEFA（アジア教育友好協会）」を支援するために、本年、「アジアに希望の学校をつくろう！」プロジェクトを立ち上げました。

私自身の資金を投入し『WANG（Wisdom of Asia for Next Generation）アジア希望の学校基金』というファンドを設立。ラオスや被災したネパールを中心に、主に山間部や過疎地の少数民族のために学校の校舎を建て、義務教育を受けられていない子をなくすための支援をします。驚いたことに、日本のお金で校舎を建てても、私立ではなく公立学校として地方の教育委員会が教員を配置してくれるのです。都市部は国が整備するけれど、それ以外の場所には手が回らないということなのでしょう。

250万円あれば古いボロボロの校舎の建て替えができます。500万円あれば小中学校の新校舎が建ち、創立者（ファウンダー）として名を刻むことも可能です。もちろん、開校式に参列すれば村人たちによる素朴で温かい感謝の集いが開かれるでしょう。

私も、まずラオスのパチュドン地区に初の高校を建てることにしました。

中国は、軍備の拡張とともに途上国に道路や港湾設備、空港などのインフラ建設を支援することで覇権を拡大しようとしています。これに対して日本流の安全保障とは、むしろ教育分野での支援の拡大ではないかと思うのです。

後半生には、恩返しの糸を織り合わせていきます。

親孝行と「鹿セラピー」と狩野派と(笑)。

そして、チャレンジの3つ目。

そろそろ親孝行もしなければと、奈良には父母を連れて行くことにしました。

父はもう90歳でちょっと介護の心配がありますが、元気です。臨床経験豊富な精神科医からすると環境を変えるのは賭けだそうですが、奈良で「鹿セラピー」をやってみようと思うのです。

私は一人っ子で27歳まで両親と同居していました。終盤にまた一緒に住むのも、介護を含めて勉強になるのではないか、と。

40代で取得したはいいがすっかり錆び付いているヘルパー2級の資格がちょっとでも役立てば、人生の後半に介護ビジネス参入への道も開かれるかもしれません。

じつは我が藤原家は鎌足《かまたり》や不比等《ふひと》とはなんの関係もないのですが(笑)、母は江戸期の襖《ふすま》絵師として一世を風靡した築地小田原町狩野の14代に当たります(開祖は狩野宗心種永《かのうそうしんたねなが》)。これを機会に狩野派の研究にも首を突っ込んで、75歳くらいから画家に転じるのもありかな……今から師匠を探して後半生を「狩野派」の復興に懸けるなんて、ちょっと洒落てませんか。母方の血筋とはいえ私は15代目に当たりますし、芸術家は長生きしますしね。

1300年の歴史ある古都の伝統文化は、はたして眠れる芸術性を蘇らせてくれるでしょうか。


父についても、もう少し触れさせてください。

大正14年生まれの父は、戦争に行った最後の世代です。たぶん、旧山下汽船《やましたきせん》だと思うのですが、船乗りになった父は経理兼通信士として徴用され、ほとんど特攻に近いかたちで台湾に向かいました。魚雷で沈められ九死に一生を得たときの傷が、今も尻に刻まれています。最高裁判所の予算を預かる用度課長のときに、雄勝石《おがついし》の屋根に煉瓦の旧庁舎(現・法務省)から、三宅坂《みやけざか》に裁判所を新築して引っ越す仕事をやりました。

天下りを嫌い、60歳で試験を受けて簡易裁判所の判事に転じますが、リクルート事件が起こったとき、息子が勤めるリクルート本社への検察の家宅捜索令状の書類がまわってくるという嘘のような奇遇もあったようです。67歳で頭に膿瘍《のうよう》ができ、女子医大で大手術を受け、再び死地から還ってきます。

私はこの父への反発もあって悪ぶっていた時期があり、中学2年のとき、銀座で万引き事件を起こして警察に捕まったことがあります。最高裁に勤める父に同伴されて家庭裁判所に行ったのです。格好悪い極みだったので、私はそれから父とは口をきかないようになりました。父が前述した大病を患うまでの、なんと23年にわたってです。

父は数年前に大動脈瘤が破裂寸前で救急搬送され、三たび生還しています。

その生き様の多くを語らなかったし、語れるときには私のほうに聞く耳がなかったわけですが、今さらながら聴いてみたいとも思うのです。

面と向かっては言えませんが、父にも母にも感謝しています。おじいちゃん、おばあちゃんに可愛がられて育ったことで、3人の孫も優しい子に育ち、そろそろ、それぞれの人生を歩み始めようとしています。

本当に、ありがとうございました。

最後に、この本を世に出すについては、ディスカヴァー・トゥエンティワンの干場弓子社長にたいへんお世話になりました。その昔、私の妻の家庭教師をされていた縁から、和田中時代に校長室で意気投合し、『はじめて哲学する本』（2010年）を出版させていただいて以来です。また実際の編集にあたっては、ディスカヴァー・トゥエンティワンの松石悠さんとフリーランス編集者の青木由美子さんにご尽力いただきました。青木さんとは『人生のつくり方　藤原和博と107人の仲間たち』（サンマーク出版／2002年）以来、久しぶりの仕事です。

縁を大切に生きてきた結果、本作を発表することができました。

2015年11月吉日

教育改革実践家　藤原和博

奈良町宿「紀寺の家」にて

猿沢池にて──修学旅行後の版画作品

藤原先生、これからの働き方について教えてください。
100万人に1人の存在になる21世紀の働き方

発行日 2015年12月30日 第1刷

Author 藤原和博

Illustrator 長場雄（カバーイラスト）
小林祐司（本文図版）

Book Designer 中澤耕平（Asyl）

Publication 株式会社ディスカヴァー・トゥエンティワン
〒102-0093 東京都千代田区平河町2-16-1 平河町森タワー11F
TEL 03-3237-8321（代表）
FAX 03-3237-8323
http://www.d21.co.jp

Publisher 干場弓子
Editor 干場弓子＋松石悠
編集協力：青木由美子

Marketing Group
Staff 小田孝文 中澤泰宏 片平美恵子 吉澤道子 井筒浩 小関勝則 千葉潤子
飯田智樹 佐藤昌幸 谷口奈緒美 山中麻吏 西川なつか 古矢薫 伊藤利文
米山健一 原大士 郭迪 松原史与志 蛯原昇 中山大祐 林拓馬 安永智洋
鍋田匠伴 榊原僚 佐竹祐哉 塔下太朗 廣内悠理 安達情未 伊東佑真
梅本翔太 奥田千晶 田中姫菜 橋本莉奈 川島理 倉田華 牧野類 渡辺基志
Assistant Staff 俵敬子 町田加奈子 丸山香織 小林里美 井澤徳子 藤井多穂子 藤井かおり
葛目美枝子 竹内恵子 清水有基栄 小松里絵 川井栄子 伊藤香 阿部薫
常徳すみ イエン・サムハマ 南かれん 横井由美香 鈴木洋子 松下史

Operation Group
Staff 松尾幸政 田中亜紀 中村郁子 福永友紀 山﨑あゆみ 杉田彰子

Productive Group
Staff 藤田浩芳 千葉正幸 原典宏 林秀樹 三谷祐一 石橋和佳 大山聡子
大竹朝子 堀部直人 井上慎平 木下智尋 伍佳妮 賴奕璇

Proofreader 株式会社鷗来堂
DTP アーティザンカンパニー株式会社
Printing 大日本印刷株式会社

ISBN978-4-7993-1818-8